DIE FALLE

Die Reise eines Mannes in die
Hölle, in den Himmel und zurück

Ivan S. Tuttle

Der englische Originaltitel: Entrapment

Herausgeber: Ivan S. Tuttle

Erstauflage veröffentlicht am 11. April 2014

Zweitauflage veröffentlicht am 9. August 2014

Deutsche Ausgabe:

Marienburger Str. 3
71665 Vaihingen/Enz
eMail: verlag@grain-press.de
Internet: www.grain-press.de

Übersetzung aus dem Englischen: Katharina Rebecca Burkart
Satz: Grain-Press
Cover: Grain-Press, Adaption der Originalvorlage.
Druck: CPI Germany 25917 Leck

Die Bibelzitate wurden, wenn nicht anders vermerkt, der Revidierten Elberfelder Studienbibel (1985), R. Brockhaus Verlag entnommen.

Die Bibelzitate wurden der Deutschen Rechtschreibreform angepasst.

ISBN Nr. 978-3-944794-372

Best. Nr. 3598437

Inhalt

Vorwort

Dieses Buch handelt vom Tod beziehungsweise einer sogenannten Nahtoderfahrung, die ich 1978 machte. Zu jener Zeit verlief mein Leben eher schwierig. Ich war in Drogen verstrickt und mit 26 Jahren lief mein Leben aus dem Ruder. Ich traf damals einige Fehlentscheidungen für mein Leben, ahnte aber nicht, dass meine Mutter so maßgeblich dazu beitragen würde, mich wieder auf den rechten Weg zu bringen.

Nach meinem Tod landete ich sofort in der Hölle. An diesem schrecklichen Ort schrien die Menschen unaufhörlich und bettelten darum, aus der Hölle befreit zu werden. Manche Menschen waren dort bereits seit Tausenden von Jahren. Sie baten jeden Neuankömmling darum, ihnen zu helfen, diesen Ort zu verlassen. Die Hölle war der furchtbarste Ort, den ich je gesehen hatte und seit diesem Erlebnis habe ich nicht vor, jemals wieder dorthin zurückzukehren. Beim Lesen dieses Buches wirst du mehr über die Monster oder auch Dämonen in der Hölle erfahren, was sie den Ungläubigen antun und wie es in der Hölle ist.

Nachdem ich für kurze Zeit in der Hölle war, wurde ich aufgrund eines besonderen Versprechens, das ich in diesem Vorwort nicht preisgeben werde, in den Himmel gebracht. Im Himmel begegnete ich einem Engel Gottes, der mir viele Dinge mitteilte, mir Zukünftiges zeigte und einiges über den Himmel erklärte und offenbarte. Es gibt Dinge den Himmel betreffend, von denen ich erst erfuhr, als ich persönlich dort war und nur jene, die selbst schon einmal da waren, können sie voll und ganz verstehen. Ich hatte das Privileg, einigen Menschen zu begegnen, die ebenfalls gestorben und in den Himmel gekommen waren. Es ist eine wahre Freude, sich mit ihnen zu unterhalten. Diese Erfahrung machen wirklich nur wenige Menschen und ich bin Gott jeden Tag dankbar dafür, dass ich den Himmel besuchen und zurückkehren durfte – natürlich hätte ich mir gewünscht, diesen Ort nie mehr verlassen zu müssen. In diesem Buch wirst du über viele der dort gemachten Erfahrungen lesen.

In diesen Seiten schildere ich mein Leben zur Zeit dieses Erlebnisses, weil ich möchte, dass du weißt, wie mein Lebensstil seinerzeit aussah. Ferner sollst du wissen, warum diese Erfahrung genau so geschah, weshalb ich verschont wurde, weiterleben und auf die Erde zurückkehren durfte. Es ist wichtig, dass du weißt, wie meine Kindheit verlief, welche Schwierigkeiten ich durchmachte und wie meine Beziehung zu meinem

Vater war. Zu wissen, wie ich aufwuchs und wie es dazu kam, dass ich starb, sind wichtige Informationen, um zu verstehen, weshalb ich diesem Buch den Titel „Die FALLE“ gab.

Nachdem ich wieder zum Leben zurückgekehrt war, fürchtete ich mich zunächst vor dem Einschlafen, weil mein Verstand nicht nachvollziehen konnte, was mein Geist soeben erlebt hatte. Am Morgen nach meinem Tod ging ich direkt in das Besprechungszimmer meines Arztes, weil ich unbedingt erfahren musste, was mit mir geschehen war. Anfangs war ich ziemlich durch den Wind. Doch als meinem Verstand nach und nach dämmerte, was mit meinem Geist geschehen war, beruhigte ich mich langsam und ich fing an, zu verstehen, was mit mir geschehen war.

Damals, im Jahr 1978, schrieb ich die Geschehnisse nach meinem Tod noch nicht auf, weil ich zu diesem Zeitpunkt meines Lebens noch nicht bereit dafür war. Im Himmel hatte mir ein Engel gesagt, dass mir der Zeitpunkt dafür genannt werden würde. Ende August 2013 sagte mir der Heilige Geist, dass es an der Zeit sei, über meine Erfahrungen in der Hölle und im Himmel zu schreiben und davon zu berichten.

Noch nie zuvor hatte ich ein Buch geschrieben und ich wusste auch nicht, wie man eines schreibt. Mit ADHS schien es für mich unmöglich zu sein, so lange still zu sitzen, um ein Buch zu schreiben, aber ich tat, was mir aufgetragen wurde. Der Tag, an dem ich mit dem Schreiben anfing, ist mir noch sehr gut in Erinnerung. Ich saß am einen Ende des Sofas und meine Frau am anderen, weil unser Sofa an den Endsitzen verstellbar ist und Fußstützen hat. Ich öffnete meinen Laptop und begann zu tippen. Allein das war schon ein köstlicher Anblick, weil ich dabei auf meine Finger sehen musste, da ich nie gelernt hatte, blind zu schreiben. So fing ich also an, eifrig vor mich hin zu tippen, und was mir wie eine halbe Stunde vorkam, waren in Wirklichkeit über vier Stunden.

Als ich am ersten Tag die ersten acht Seiten fertiggestellt hatte, war ich der Ansicht, dass es das gewesen sein musste. Das Ergebnis waren zwar nur acht Seiten, aber ich hatte bis dahin noch nie so viele Seiten über Erlebtes oder Durchgemachtes geschrieben. Ich war so stolz auf diese acht Seiten und schickte sie an mehrere Freunde, um sie nach ihrer Meinung zu fragen. Gott sei Dank habe ich ehrliche Freunde! Jeder Einzelne von ihnen wies mich darauf hin, dass mein Text keine Details enthielt, und fragte mich, warum ich darauf verzichtet hatte. Nun, das veranlasste mich erneut, dieses Buch in Angriff zu nehmen und mir wurde klar, dass diese acht Seiten als Rohentwurf für mein Buch dienen sollten.

Da ich noch nie zuvor ein Buch geschrieben hatte, ging ich zu meinem Pastor, Greg Brown, von der Skyway Church in Goodyear, Arizona - dem einzigen Menschen, von dem ich wusste, dass er bereits mehrere Bücher geschrieben hatte. Er ist ein sehr freundlicher Mann und traf sich mit mir, um mir zu erklären, wie ein Buch aufgebaut sein sollte und wie viele Wörter ein gutes Buch enthalten sollte. Lass mich das genauer erklären: Ich hatte gerade einmal etwa sechstausend Wörter geschrieben, als er mir erklärte, dass mein Buch mindestens fünfundzwanzigtausend Wörter enthalten sollte. Nun wurde mir doch mulmig. Mir wurde klar, dass eine Menge Arbeit vor mir lag.

Als ich an jenem Nachmittag nach Hause kam, begann ich zu schreiben. Ich schrieb Tag um Tag, solange, bis ich mir sicher war, dass das Buch vollständig war und alles enthielt, was gemäß der Anweisung des Engels darin enthalten sein sollte. Die Zeit reicht nicht aus, um alles, was ich sah, hörte und spürte jetzt schon vollständig preiszugeben. Aber vieles von dem, was ich sah und erlebte, steht in diesem Buch. Ich wünsche dir viel Freude beim Lesen dieses Buches und bete, dass es dein Leben für immer verändert.

Widmung

Dieses Buch möchte ich zwei ganz besonderen Menschen in meinem Leben widmen - meiner Mutter Helen und meinem Sohn Christopher.

Meiner Mutter Helen, weil ich ohne sie immer noch für immer in der Hölle wäre und ewig gequält würde. Danke für deine Gebete, Mutter. Meine Mutter hat bisher über 40.000 Mal für mich gebetet.

Meinem Sohn Christopher, weil er die Gaben empfangen hat, die Gott mir gegeben hat und zu einem wunderbaren Mann Gottes herangewachsen ist. Er ist der beste Sohn, den ein Vater je haben könnte. Vielen Dank für alles, mein Sohn!

1

ZERSTREUUNG

In Grand Rapids, Michigan, war der Februar des Jahres 1978 ein kalter Monat und es lag außergewöhnlich viel Schnee. Nur wenige Wochen zuvor hatten wir bereits einen der heftigsten Schneestürme in der Geschichte Grand Rapids erlebt, und der Schnee wollte einfach nicht tauen. In Grand Rapids sowie im größten Teil von West Michigan gibt es den ganzen Winter über den sogenannten Lake Effect Schnee.[1] Manchmal schneite es über Nacht vielleicht nur drei Zentimeter, während zu anderen Zeiten am nächsten Morgen dreißig Zentimeter Schnee lagen. Die Ursache war der Lake Effect Schnee, den ich von Maryland, wo ich aufwuchs, nicht kannte.

---

1 Der Lake Effect ist ein meteorologischer Effekt, der vor allem im Gebiet der Großen Seen in Nordamerika auftritt. Oft verursacht er intensiven Niederschlag, meist in Form von Schnee. Dieser wird dann als Lake Effect Snow oder Snowsquall bezeichnet.

Ich arbeitete bei einem Autohändler in Grand Rapids, Michigan, wo ich Oldsmobile und Honda Fahrzeuge verkaufte. Im Winter musste ich fast jeden Morgen, wenn ich zur Arbeit kam, zunächst gemeinsam mit den anderen Mitarbeitern die Autos von dem Lake Effect Schnee befreien. Nachdem wir uns draußen versammelt hatten, machten wir uns mit einem Handfeger und guten Handschuhen ausgerüstet ans Werk, den vielen Schnee abzufegen. An manchen Tagen brauchten wir eine Stunde oder länger, bis wir den Schnee vollständig entfernt hatten. Wenn über Nacht viel Schnee gefallen war, meldeten sich meistens mehrere Angestellte krank oder kamen später zur Arbeit, damit sie sich nicht mit dem Schnee abplagen mussten. Dies gehörte jedoch zu meinem Job, und da ich durch den Verkauf von Autos gut verdiente, beschwerte ich mich nicht.

Damals hatten alle Honda Fahrzeuge Vorderradantrieb, was das Fahren im Schnee deutlich erleichterte. Deshalb verkauften wir im Winter viele Hondas. Die amerikanischen Autohersteller hatten gerade erst damit begonnen, vermehrt Fahrzeuge mit Vorderradantrieb herzustellen, während ihnen Honda damals schon weit voraus war. An besonders schneereichen Tagen erhielten wir viele Anrufe und uns wurden Fragen zum Honda Vorderradantrieb gestellt, wie beispielsweise: „Kommt man damit bei Schnee besser den Berg hoch?", „Kann man damit bei Schnee besser abbremsen?" oder „Wie gut kann man mit dem Honda im Schnee wenden?" Die Fragen nahmen kein Ende.

Manchmal gingen mehrere von uns Verkäufern zusammen zum Mittagessen. Bei diesen Gelegenheiten fuhren wir mit einem Honda Vorführwagen in ein hügeliges, kurviges und schneereiches Gebiet, um zu testen, wie gut sich das Auto im Schnee tatsächlich verhielt. Eines Tages fuhr ein Verkäufer namens Manny zu schnell in die Kurve, bekam Panik, zog die Handbremse und schleuderte ein paar Mal im Kreis, bevor der Honda von der Straße abkam. Vier von uns saßen mit im Auto und gemeinsam versuchten wir, das Auto anzuheben, um es wieder auf die Straße zu bekommen. Am Ende mussten wir jedoch etwa einen halben Kilometer bis zum nächsten Haus laufen, um von dort den Autohändler anzurufen, damit das Fahrzeug wieder auf die Straße gezogen würde. Da es damals noch keine Handys gab, musste man entweder von einer Telefonzelle oder von einem privaten Festnetzanschluss telefonieren. Doch weil wir zu weit von der Stadt entfernt waren und es keine Geschäfte oder Telefonzellen in der Nähe gab, bestand keine andere Möglichkeit, als nach einem freundlichem Anwohner Ausschau zu halten und ihn darum zu bitten, sein Telefon benutzen zu dürfen.

Der Donnerstagabend war gekommen und das hieß, im Club war „Ladies Night". Ich konnte es kaum erwarten, von der Arbeit zu verschwinden und mich zu den Bars aufzumachen, aber zuvor musste ich erst mal nach Hause, um einen Joint zu rauchen. Etwa gegen sechs Uhr abends machte ich Feierabend und fuhr zu meiner Wohnung. Ich zündete mir einen Joint an und aß etwas. Danach sprang ich unter die Dusche und warf mich für die Ladies in Schale. Ich erinnere mich, dass ich an jenem Abend ziemlich unruhig war, weil sich mein linkes Bein unangenehm anfühlte. Ich vermutete, es handelte sich um eine Verkrampfung oder eine Zerrung und deshalb versuchte ich, den Muskel zu dehnen. Gegen 20.30 Uhr verließ ich meine Wohnung, um zum Nachtclub zu fahren. Es schneite stark und die Straßen waren etwas rutschig, sodass ich an jenem Abend sehr vorsichtig fahren musste.

Um kurz vor 21.00 Uhr kam ich bei besagtem Club an und ging wie üblich auf die Pirsch. Ich ging um die Tanzfläche und den Barbereich herum und versuchte, den besten Platz zu ergattern, um den Frauen beim Tanzen zuzusehen. Ich fand einen Tisch neben der Tanzfläche, auf den etwas mehr Licht fiel, sodass nicht nur ich die Frauen, sondern sie mich ebenfalls sehen konnten. Dann bestellte ich einen Drink, wartete ab und sah mich um, während sich der Club allmählich füllte. Gegen 21.30 Uhr schmerzte mein Bein sehr stark, aber wie schon zuvor dachte ich, dass es sich wohl um eine Art Wadenkrampf handelte. Ich forderte ein paar Mädels zum Tanzen auf, doch so gegen 23.00 Uhr pochte es in meinem Bein so heftig, dass ich nicht mehr tanzen konnte und ich mich setzte. Da ich Diskomusik mochte, fiel es mir außerordentlich schwer, einfach nur dazusitzen und den Anderen beim Tanzen zuzusehen. Ein paar Mädchen wollten an jenem Abend mit mir tanzen, aber ich lehnte ab, was ganz untypisch für mich war. Doch der Schmerz verschlimmerte sich weiter und mir war klar, dass ich weder aufstehen noch tanzen konnte. Dann tat ich etwas, das ich sonst nie tat. Ich verließ die Bar gegen Mitternacht – allein und zwei Stunden früher als sonst. Sobald ich in meiner Wohnung war, zog ich Schuhe und Hose aus und begann, meine linke Wade zu massieren. Dann rauchte ich noch einen Joint und schlief auf meinem Sofa ein.

Am Freitagmorgen erwachte ich gegen 7.30 Uhr mit Schmerzen in meiner linken Wade. Ich fragte mich, wann sich der Muskelkrampf endlich entspannen und der heftige Schmerz nachlassen würde. Gegen acht Uhr rief ich auf der Arbeit an und sagte, dass ich wahrscheinlich nicht kommen würde, weil mein Bein so sehr schmerzte. Etwa um 10.00 Uhr, also eine Stunde später, als ich üblicherweise mit der Arbeit beginne, entschloss ich mich, doch hinzugehen, da ich für die Partys der nächsten Wochen noch ein paar Verkäufe brauchte, um genügend Geld zu haben. Als ich beim Autohändler eintraf, stürzte ich mich sofort auf einen Kunden. Der Mann wollte mit seiner Frau und seinen beiden Kindern den kleinen viertürigen Honda Probe fahren. Ich musste mich also neben die beiden Kinder auf den Rücksitz quetschen, der nicht besonders viel Platz für Erwachsene bot.

Vom Autohändler aus fuhren wir in nördliche Richtung, aber bereits nach circa fünf Kilometern schmerzte mein linkes Bein so sehr, dass ich den Kunden bitten musste, an einem Parkplatz vor einem Wohnhaus zu halten, damit ich meine Beine ausstrecken konnte. Ich erklärte der Familie, dass ich einen fürchterlichen

Muskelkrampf in meiner Wade hätte. Ich stieg aus dem Auto und versuchte, den Schmerz durch Gehen zu lindern, aber das brachte keine Besserung. Mir blieb nichts anderes übrig, als die Frau höflich zu bitten, sich mit ihren Kindern auf den Rücksitz zu begeben, was sie auch tat. Zehn Minuten später waren wir wieder beim Autohändler angelangt. Natürlich kam es nicht zu einem Kaufvertrag, da ich die Probefahrt nach so kurzer Zeit abbrechen musste.

Als die Schmerzen immer heftiger wurden, verließ ich schließlich meinen Arbeitsplatz, um mich Zuhause hinzulegen und die Beine hochzulagern. Als ich gegen 12.30 Uhr nach Hause kam, zündete ich mir sofort einen Joint an. Letzten Endes würde ich ja sowieso nicht mehr zur Arbeit gehen, also wen kümmerte es. Ich erinnere mich, dass ich mir eine Kleinigkeit zu Essen holte und dann auf meinem Sofa wieder einschlief. Um 18.30 Uhr wachte ich wieder auf und rauchte den Joint zu Ende, bevor ich mir ein kleines Abendessen zubereitete. Ich glaube, es war ein Fertiggericht, so ein ekliges, aufgeweichtes Hühnchen mit Gemüse, das nicht mehr identifizierbar war, dazu noch einen Nachtisch. Mein Bein machte mir immer noch zu schaffen, aber ich fühlte mich schon ein wenig besser, da ich so lange nicht auf den Beinen gewesen war. Also beschloss ich, mich wieder ins Nachtleben zu stürzen. Dieses Mal rief ich meine Party-Kumpels Mike und Russel an. Als sie bei mir aufkreuzten, rauchten wir erstmal Pot zusammen. Mike hatte eine neue Marihuana-Sorte aus Hawaii mitgebracht und wollte uns davon probieren lassen.

Er meinte, es sei mit Opium versetzt, genau wie Thai-Sticks. Wow! Dieses Zeug hatte es ordentlich in sich. Nach nur zwei Zügen war ich fast weg.

So lungerten wir drei herum und hörten bis etwa neun Uhr abends Musik, als wir beschlossen, einen Club aufzusuchen. Bevor wir loszogen, rauchten wir noch etwas von dem hawaiianischen Gras, das Mike mitgebracht hatte. Ich fuhr mit meinem Auto und Mike fuhr zusammen mit Russell in dessen Auto. Ich glaube, keiner von uns fuhr auf der gesamten Hinfahrt schneller als 40 kmh. Erstens waren wir zu bekifft, um schneller fahren zu können, und zweitens war es bei derart verschneiten und vereisten Straßen ratsam, langsam zu fahren.

Aber ganz gleich, wie high ich an jenem Abend auch war, mein Bein schmerzte heftig und ich hatte wirklich keinen Spaß mehr. Ich erteilte allen Girls, die mit mir tanzen wollten, eine Absage und erklärte ihnen, dass meine alte Fußballverletzung wieder verrückt spielte und dass Tanzen deshalb für mich zu schwierig sei. An diesem Abend erntete ich von den Frauen großes Mitgefühl. Mehrere von ihnen spendierten mir etwas zu trinken und saßen mit mir am Tisch, um sich mit mir zu unterhalten. Allerdings war es aufgrund der Schmerzen in meinem Bein extrem schwierig, ein Gespräch zu führen.

Normalerweise feierten wir, bis die Bars zwischen halb zwei und zwei Uhr morgens schlossen und verließen diese dann möglichst mit Begleitung. Aber in jener Nacht erklärte ich meinen Kumpels, dass ich wegen der Schmerzen in meinem Bein vorzeitig gehen müsse. Gegen Mitternacht brach ich also auf und fuhr direkt nach Hause. Da es - wie hätte es auch anders sein können - schneite, musste ich besonders langsam und vorsichtig fahren. Mittlerweile hatte ich mich von den starken Joints wieder etwas erholt und der Alkohol hatte mich nur in einen leichten Rausch versetzt, sodass ich im Gegensatz zu den meisten Wochenendnächten ausnahmsweise nicht erheblich beeinträchtigt war. Ich kam sicher zuhause an, stellte mein Auto auf meinem Parkplatz vor dem Wohngebäude ab und betrat meine Wohnung. Zu diesem Zeitpunkt war der Schmerz bereits äußerst heftig. Weder Sitzen, Stehen oder Liegen brachte Linderung und so rauchte ich mehrere Pfeifen Marihuana, bis ich endlich einschlief.

Am nächsten Morgen wachte ich gegen 7.30 Uhr mit schrecklichen Schmerzen auf. „Der Tag fängt ja gut an!“, war mein erster Gedanke. Und da traf ich die Entscheidung, dass es an der Zeit sei, zum Arzt zu gehen. Ich stellte mich unter die Dusche, zog mich an und versuchte, telefonisch einen Arzt zu erreichen, der mich untersuchen konnte. Schließlich fand ich einen, der in dem samstags geöffneten Butterworth Hospital Sprechstunde hatte, und er forderte mich auf, zu kommen.

Gegen 9.30 Uhr traf ich bei der Arztpraxis ein und erledigte den Papierkram. Schon damals musste man alles Mögliche unterschreiben, bevor man bei einem Arzt vorstellig werden konnte. Ich kann mich nicht mehr an den Namen des Arztes erinnern, aber ich weiß noch, dass er einen sehr freundlichen Eindruck machte. Er war schätzungsweise fünfzig Jahre alt, groß, von mittlerer Statur mit schwarzen, an den Schläfen grau melierten Haaren. Sein Akzent klang europäisch, aber ich bin mir nicht sicher, ob er aus Polen, der Ukraine oder einem anderen Land dieser Region stammte. „Nun, Mr. Tuttle, was ist Ihr Problem?", fragte mich der Arzt, während er die ausgefüllten Unterlagen durchsah. Noch bevor ich antworten konnte, fuhr er fort: „Aha, hier steht, Sie haben Muskel- oder Wadenkrämpfe im linken Bein. Wie alt sind Sie?" Ich antwortete ihm: „Ich bin sechsundzwanzig und werde bald siebenundzwanzig." „Ziehen sie Ihre Hose herunter, damit ich mir das Bein ansehen kann", sagte der Arzt. Als ich dies tat, entfuhr es ihm: „Das Bein ist aber wirklich geschwollen!" Nun sagte er, ich solle mich auf seinen Untersuchungstisch flach auf den Rücken legen. Der Arzt klopfte gegen mein Bein, maß beide Wadenmuskeln und horchte mit dem Stethoskop meine Beine ab. Dann stellte er sich aufrecht vor mich hin und sagte: „Ich vermute, Sie haben Thrombophlebitis. Das ist ein Blutgerinnsel tief im Inneren des Beines und es bewirkt eine derartige Schwellung. Wie alt sind Sie noch mal?" Ich antwortete: „Sechsundzwanzig", und dann fragte er mich, ob ich ein starker Raucher sei. „Ich rauche ein bis zwei Päckchen am Tag, je nachdem, wie viele Pausen ich zwischen den Kundengesprächen habe", erklärte ich ihm. Die Unterhaltung nahm dann eine sehr ernste Wende, als der Arzt mir beschrieb, was geschehen könnte, wenn ich wegen der Thrombophlebitis nicht unverzüglich behandelt würde. Er rief sogar im Krankenhaus an, um mitzuteilen, dass ich sofort vorbeikommen würde. Aber meine Pläne sahen anders aus, weil ich noch nicht bereit dafür war.

So verließ ich das Behandlungszimmer des Arztes und dachte mir, dass ein Blutgerinnsel ein Problem von alten Leuten sei, aber nicht bei jemand in meinem Alter. Ich hoffte, es würde besser werden, wenn ich mein Bein einfach übers Wochenende hochlegte - also machte ich einen Bogen um das Krankenhaus und ging direkt nach Hause. Dort beförderte ich ein paar Kissen vom Schlafzimmer ins Wohnzimmer und deponierte sie auf dem Sofa. Ich legte meine Beine darauf, lehnte mich zurück und sah den ganzen Tag über fern.

Eine Bekannte, die ich hier Jennifer nennen werde, kam vorbei, um zu sehen, ob sie mir behilflich sein könnte. Jennifer war sehr gutaussehend, etwa 20 Jahre alt mit dunklen, fast schwarzen Haaren und hatte eine prima Figur. Da sie zudem als Schwesternhelferin arbeitete, war ich der Ansicht, es sei ideal, wenn sie für ein paar Tage bleiben könnte. Es entsprach nicht meiner üblichen Strategie, ein Mädchen öfter als einmal bei mir übernachten zu lassen, aber ich brauchte Hilfe und sie war überaus freundlich und verständnisvoll.

An diesem Abend bereitete mir Jennifer ein Abendessen zu. Das heißt, sie ging einkaufen und bezahlte von ihrem Geld einige Lebensmittel. Sie machte uns Hamburger und Makkaroni mit Käse. Es tat gut, so umsorgt zu werden. Irgendwie gefiel mir das und außerdem tat mein Bein allein schon durch das Hochlagern nicht mehr so weh. Jennifer und ich saßen beieinander, sahen fern, rauchten etwas Gras und gingen so um 22.00 Uhr zu Bett. Ich schlief recht schnell ein. Das Marihuana wirkte bei mir ziemlich schnell und heftig. Um etwa drei oder halb vier Uhr morgens wachte ich auf und mein linkes Bein fühlte sich fast taub an. Es war, als hätte jemand mit tausend Nadeln hineingestochen, etwa so, wie sich ein eingeschlafener Arm anfühlt, wenn er wieder voll durchblutet wird. Ich stand auf, um auf die Toilette zu gehen und hatte das Gefühl, wegen der Schmerzen in meinem linken Bein ohnmächtig zu werden. Trotzdem humpelte ich ins Badezimmer und zurück ins Bett, wo ich wieder einschlief.

Als ich am Morgen aufwachte, fühlte ich mich irgendwie erfrischt und die Schmerzen hatten deutlich nachgelassen. Also stand ich auf und bereitete für Jennifer und mich ein Frühstück aus Müsli und Toast zu. Weil es ein Sonntag im Februar war, lief im Fernsehen nichts Besonderes, aber wir hockten beide da und schauten uns alles an - von christlichen Programmen über Zeichentrickfilme bis hin zu Wiederholungen alter Sendungen. Gegen 18.00 Uhr fühlte ich mich richtig gut und so ging ich mit Jennifer bei Pizza Hut essen. Wir bestellten eine große Pizza mit Peperoni und einen Krug Rootbeer, obwohl mir dieses Getränk zu Pizza eigentlich noch nie geschmeckt hatte. Während wir unsere Pizza aßen, spielten wir auch ein Spiel namens „Pong“. Ich glaube, wir waren schätzungsweise zwei Stunden dort und zum ersten Mal seit langem waren die Schmerzen in meinem Bein erträglich.

Als wir etwa um 20.45 Uhr nach Hause kamen, rauchten wir etwas Marihuana, sahen fern und gingen schließlich gegen 23.00 Uhr schlafen. Während ich schlief, schwoll mein Bein erneut an, sodass es aussah wie zuvor. Gegen fünf Uhr morgens wachte ich vom Pochen in der Wade auf. Der Schmerz war jetzt schlimmer als je zuvor. Bei jedem Herzschlag hatte ich das Gefühl, mein Bein würde explodieren. Da ich nicht wieder einschlafen konnte, aß ich etwas Müsli zum Frühstück und weckte Jennifer, damit sie nach Hause gehen und sich für die Arbeit vorbereiten konnte. Ich ging ein wenig in meiner Wohnung umher, bevor ich duschte und mich ebenfalls für die Arbeit herrichtete.

Wenn ich mich richtig entsinne, traf ich an jenem Morgen noch vor den Geschäftsführern und den anderen Verkaufsmitarbeitern etwa gegen 8.00 Uhr am Autohaus ein. Die Mitarbeiter des Servicebereichs, des Ersatzteillagers und die Empfangsdame waren die Ersten auf der Arbeit. Da die Türen des Ausstellungsraums noch verschlossen waren, benutze ich den Personaleingang. Zunächst stand ich ein paar Minuten am Empfangstresen und unterhielt mich mit dem Mädchen, das dort arbeitete. Dann beschloss ich, nach draußen zu gehen, um etwas Schnee von den Autos auf dem Parkplatz zu fegen. So verrückt sich das vielleicht auch anhört, aber der Aufenthalt in der Kälte linderte den Schmerz in meinem Bein. Bevor die Anderen auf der Arbeit eintrafen, befreite ich zwei lange Autoreihen vom Schnee. In der vorderen Reihe standen etwa zwanzig Autos und in der nächsten circa fünfzehn.

Mein Chef kam etwa um 8.50 Uhr. Er fragte mich, wer schon so früh die Autos freigefegt hätte. Nun, mit einem gewissen Stolz erklärte ich ihm, dass ich es gewesen war. Anschließend begab ich mich an meinen Schreibtisch, um die Kaufinteressenten anzurufen, mit denen ich in den vergangenen Monaten bereits gesprochen hatte. Ich wollte sie natürlich überzeugen, möglichst bald ein neues Auto zu kaufen. Der Dezember war kein schlechter Monat gewesen, aber im Januar waren meine Verkaufszahlen miserabel. Im gesamten Monat hatte ich es auf nur zwölf verkaufte Autos gebracht. Das war natürlich deutlich weniger, als die sonst üblichen fünfzehn bis fünfundzwanzig Autos, die ich normalerweise im Monat verkaufte. Wenn ich es nicht schaffte, trotz meiner Beinprobleme weitere Autos zu verkaufen, würde ich weniger Geld für meine Partyaktivitäten zur Verfügung haben.

Am späten Vormittag, kurz vor der Mittagspause, fing mein Bein wieder so stark zu schmerzen an, dass nichts half - weder Sitzen, noch Stehen noch Liegen. Ich musste etwas dagegen unternehmen, und zwar schnell. Meine Mittagspause verbrachte ich allein. Ich besorgte mir irgendwo ein Sandwich, das ich in meinem Auto verzehrte. Da ich mich draußen in der Kälte besser gefühlt hatte, kam ich plötzlich auf die großartige Idee, mir Eis zu besorgen, um mein Bein damit zu kühlen. Also fuhr ich zu meiner Wohnung, aber wie die meisten Junggesellen zu jener Zeit, hatte ich kein Eis im Gefrierfach und musste noch mal losfahren, um mir in einem 7-Eleven-Store Eis zu besorgen. Ich kann mich lustigerweise noch daran erinnern, dass ich für einen Beutel Eis nur 49 Cent bezahlte. Eine Viertelstunde später saß ich in meiner Wohnung auf dem Sofa. Das linke Bein hatte ich mittels eines gefalteten Kissens hochgelagert. Zudem hatte ich zwei Plastikbeutel mit Eis auf mein Bein gelegt und mit einem alten Verband umwickelt, damit sie nicht herunterrutschten.

2

Meine Kindheit

Ich kam einfach nicht dahinter, wie ich so weit vom Kurs abkommen konnte – nicht im Hinblick auf meine finanzielle Situation, sondern was meinen Wandel mit dem Herrn betraf. Als ich etwa acht Jahre alt war, übergab ich Jesus mein Leben und ließ mich kurz darauf taufen. Mit zehn Jahren empfing ich die Taufe im Heiligen Geist. Während meiner Preteen- und Teenagerzeit versuchte ich, Gott zu dienen. Damals erntete ich deswegen hin und wieder Spott, aber dank meiner Freunde in der Gemeinde war es einigermaßen erträglich.

Nick Tavani zählte seinerzeit zu meinen besten Freunden in der Gemeinde. Nick war einer der intelligentesten Menschen, die ich kannte und darüber hinaus spielte er auch noch Klavier. Er wurde Vorsitzender unserer Christ-Ambassadors-Gruppe. Das war eine Gruppe von Teenagern aus unserer Gemeinde in Forestville, Maryland, einer Gemeinde der Assemblies of God. Nicks Vater war Professor und arbeitete, soweit ich mich entsinne, an der Universität in Maryland. Zu Nick und seiner Familie sah ich auf, denn sie führten ein vorbildliches Leben mit dem Herrn und Nick war außerdem sehr talentiert und klug. Oft erklärte er mir, wie das Leben funktionierte und eröffnete mir neue Horizonte in meiner kleinen Welt.

Nick akzeptierte mich und beurteilte mich nicht in der Weise, wie viele andere Jugendliche es taten. Nun, er mag mich für sonderbar gehalten haben, aber er akzeptierte mich so, wie ich war. Nicks Koordination war nicht besonders gut. Er war aber sehr intelligent und brachte mir einiges bei. Ich vermittelte ihm dafür, wie man Football spielt. Dabei ging es nicht um die Regeln, sondern ums Spielen. Einmal waren wir bei einer Schule namens Francis Scott Key Junior High in der Nähe seines Hauses. Mit ein paar Jungs aus unserer Gemeinde spielten wir Touch Football und dabei zog ich mir eine üble Platzwunde über dem Auge zu. Das war das erste Mal, dass ich genäht werden musste, auch wenn es nur drei Stiche waren. Die Betäubungsspritze war schlimmer als die Stiche.

Ich hatte nicht die beste Kindheit. Mein Vater schlug mich oft, aber meine Mutter liebte mich aufrichtig und betete täglich für mich. Mein Vater war Maurer. Ein großer und starker Mann, der ununterbrochen schuftete, weil er im Leben etwas erreichen wollte. Um sicherzustellen, dass wir Essen auf dem Tisch und ein Dach über dem Kopf hatten, ging er drei unterschiedlichen Beschäftigungen nach. Als Maurer arbeitete er acht bis zehn am Stunden Tag. Wenn er nach Hause kam, duschte er und ging dann zu seinem Nebenjob. Donnerstagabends wischte er zudem im örtlichen Supermarkt in Suitland, Maryland, den Fußboden. Als Lohn erhielt mein Vater anstatt einer Bezahlung Brot, Backwaren und Kuchen vom Vortag, die der Supermarkt vorrätig hatte. Meine Eltern lagerten all diese Leckereien im Kühlschrank auf der geschlossenen Veranda unseres Hauses in der Woodland Road in Morningside, Maryland.

Ich denke, ich sollte noch erwähnen, dass ich drei Schwestern und einen Bruder hatte. Da mein Bruder zwölf Jahre jünger war als ich, bekam er von den Backwaren und Kuchen nicht viel ab. Wenn ich um etwa 15.30 Uhr von der Schule heimkam, ging ich zum Kühlschrank und holte mir Cupcakes oder Twinkies zum Essen. Manchmal nahm ich auch einen ganzen Kuchen und verzog mich damit in den Wald hinter unserem Haus, um ihn dort zu verdrücken. Obwohl ich weit und breit das schlankste Kind war, konnte ich jede Menge essen.

Weil ich als Kind so dünn war, wurde ich von anderen Eltern ständig zum Essen eingeladen. Nachdem ich eines Tages bei einer Familie gegessen hatte und ein Stück die Straße entlangging, lud mich eine andere Nachbarin zum Essen zu sich ein. Und als ich dieses Haus verlassen hatte und noch nicht einmal drei Häuser weiter gegangen war, lud mich die Mutter eines anderen Kindes ebenfalls zum Essen ein. In weniger als einer Stunde nahm ich drei vollständige Mahlzeiten zu mir. Nun, ich war wirklich total satt, aber weil ich so dünn war, dachten alle, ich bekäme zu Hause nicht genug zu essen, sodass alle bemüht waren, mich aufzupäppeln.

Von Kindheit an wurde bei mir ADHS diagnostiziert. Für jene unter euch, die darüber nicht Bescheid wissen, möchte ich das ADHS-Syndrom an dieser Stelle genauer erklären. Personen mit ADHS sind keine schlechteren Menschen, aber ihr Gehirn arbeitet schneller als das der meisten anderen. Deshalb wird ihnen bei allem, was in normalem Tempo abläuft, schnell langweilig und sie können nicht stillsitzen, denn sie möchten alles im Leben entdecken. Eine Entwicklung, die Menschen mit ADHS wirklich problematisch finden, besteht darin, dass heutzutage viele Ärzte bei jedem irgendwie auffälligen Kind ADHS diagnostizieren und ihm Medikamente verordnen, um zu versuchen, es unter Kontrolle zu halten. Die Eltern vieler dieser Kinder neigen zu Jähzorn. Sie verstehen weder, ihr Kind zu disziplinieren, noch ihm die notwendige Aufmerksamkeit zu widmen. Das wirkliche Problem besteht darin, dass die Eltern eine „Aufmerksamkeitsdefizitstörung" haben. Indem sie ihren Kindern nicht genügend Aufmerksamkeit schenken, verursachen sie ein Defizit und eine Störung in der Beziehung zu ihren Kindern. Und so werden wir letztendlich alle mit ungezogenen Kindern in einen Topf geworfen, obwohl das auf viele von uns überhaupt nicht zutrifft. Ich versuchte nie, mich daneben zu benehmen, sondern war immer bemüht, das Richtige zu tun. Ich verlor lediglich schnell das Interesse an Dingen und wollte erfahren, was als Nächstes kommt.

Als Kind saß ich in der Klasse und beobachtete, wie die Lehrerin uns den Stoff so langsam erklärte, dass es mir vorkam, als würde ich der Farbe beim Trocknen zusehen. Also wanderte mein Blick durchs Fenster nach draußen und ich begann zu träumen, ich sei im Wald hinter dem Pausenhof. Ich stellte mir vor, Davy Crockett oder Daniel Boone zu sein. Das Problem war nur, dass ich mich im Klassenzimmer befand und manchmal, wenn ich so vor mich hin träumte, rutschte ich auf meinem Stuhl hin und her, weil mein Verstand so viele Gedanken verarbeiten musste. Wenn die Lehrerin bemerkte, dass ich aus dem Fenster sah und auf meinem Stuhl herumzappelte, stellte sie mir eine Frage zum gerade behandelten Thema, und ich hatte keinen blassen Schimmer, wovon sie redete. Deshalb wurde ich oft ins Büro des Rektors gerufen. Mir ging einfach alles zu langsam.

In meiner Kindheit konnte niemand verstehen, warum ein Kind nicht stillsitzen oder sich nicht ruhig verhalten konnte. Man wusste nichts von ADHS und deshalb betrachtete man uns als ungezogene Kinder. Ich konnte nicht anders - ich hasste die Schule und wollte draußen in den Wäldern spielen, Daniel Boone oder Davy Crockett sein. Die Schule war für mich unglaublich langweilig und viel zu langsam. Ich wollte einfach etwas unternehmen, ganz gleich was, denn alles war besser, als in der Klasse zu sitzen. Dieses Verhalten legte ich auch zu Hause an den Tag, doch da waren die Folgen wesentlich gravierender.

Das Schlimmste, das mir in der Schule passieren konnte, war, dass mich die Rektorin, Frau Solbeseki, mit dem Stock verdrosch. Sie hatte bereits mehrere davon zerbrochen, als sie mich schlug, aber sie gab mir höchstens drei Hiebe. Zu Hause dagegen war es viel schlimmer, denn mein Vater schlug mich mit einem Gürtel. Bedenke, er war ein großer, starker Mann, ein Maurer. Er verstand es, mit diesem Gürtel zu schlagen und fünfzehn bis zwanzig Hiebe waren normal. Die meiste Zeit meiner Kindheit hatte ich Striemen auf meinem Hinterteil, meinen Beinen und meinem Rücken - manchmal bluteten die Striemen sogar. Mein Vater hegte starken Groll gegen mich. Den Grund dafür erfuhr ich erst später, und im weiteren Verlauf dieses Buches gehe ich darauf noch ein. Wenn ich an manchen Tagen nicht draußen war, wenn er von der Arbeit nach Hause kam, schlug er mich mit dem Gürtel und fragte mich: „Was hast du heute angestellt? Ich weiß, dass du etwas ausgefressen hast, also raus mit der Sprache!" Irgendwann lernte ich daraus. Sobald ich sah, dass er seinen Gürtel zückte, erfand ich alles Mögliche, das ich falsch gemacht hatte, obwohl ich mich nicht daneben benommen hatte, nur damit mein Vater aufhörte, mich so zu schlagen. Wenn ich wartete, bis er auf mich einschlug, bekam ich schon mal zehn oder fünfzehn Gürtelschläge. Gestand ich dann irgendetwas, bekam ich abermals zehn bis fünfzehn Hiebe mit dem Gürtel. Wenn ich mir dagegen bereits vorher einfach etwas ausdachte, schlug er mich nur fünfzehn bis zwanzig Mal.

Erschwerend kam in meiner Kindheit noch hinzu, dass ich mit einer Deformierung der linken Hand und des linken Armes geboren wurde. Ich erlebte also nicht nur Missbrauch durch meinen Vater, sondern wurde zudem in der Schule von den meisten Kindern gehänselt. Es kam mir vor, als wollte mich immer irgendjemand nach der Schule verprügeln oder eine Schlägerei mit mir anfangen. Ich war kein gewalttätiges Kind, aber ich hatte recht schnell die Nase voll von Kindern, die mich schlugen oder sich über mich amüsierten und wehrte mich deshalb. Ich war vielleicht etwas hager, aber dennoch war ich sehr kräftig. Ich hasste Prügeleien, denn sie erinnerten mich an meinen Vater und daran, wie es sich anfühlte, geschlagen zu werden. Deshalb setzte ich alles daran, einen Kampf zu vermeiden, aber wenn ich keine andere Wahl hatte, wollte ich keinesfalls verlieren. Wenn ich einen Kampf verlor und mein Vater fand es heraus, schlug er heftig auf mich ein. Dabei sagte er, dass ich nicht Manns genug sei und noch andere verletzende Dinge.

Als ich gerade einmal neun Jahre alt war, versetzte ich einem Jungen bei einer Prügelei nach der Schule einen so heftigen Schlag, dass er k.o. ging. Im ersten Moment dachte ich, ich hätte ihn umgebracht, denn er verdrehte die Augen und fiel in sich zusammen wie ein schlaffes Handtuch. Ich bekam es mit der Angst und lief schnell davon. Ich rannte zu unserem etwa 800 Meter weit entfernten Haus und erzählte meiner Mutter, was passiert war - wie dieser Junge eine Prügelei mit mir angefangen hatte, wie ich zuschlug und glaubte, ihn getötet zu haben. Meine Mutter schnappte ihre Schlüssel, wir stiegen ins Auto und sie fuhr so schnell sie konnte zurück zu meiner Schule. Als wir dort ankamen, brachte die Schulkrankenschwester den Jungen gerade mit Riechsalz wieder zu Bewusstsein. Gott sei Dank hatte ich ihn nicht umgebracht, sondern nur k.o. geschlagen. In den nächsten Wochen ärgerte mich kein Kind mehr, weil alle Angst hatten, ich könnte sie auch k. o. schlagen. Endlich konnte ich einmal ein paar friedliche Wochen genießen. Es gab keine Kämpfe und ich konnte angstfrei nach Hause gehen.

Wie bereits erwähnt, wollte ich wirklich niemals kämpfen. Ich fing auch nie einen Kampf an. Ich ließ den anderen immer zuerst auf mich einschlagen, mit einer Ausnahme. Einmal wurde ich dazu angestachelt, mit einem Jungen aus der Nachbarschaft eine Schlägerei anzufangen. Ich Trottel verpasste ihm einen Schlag, aber er wehrte sich nicht. Ich fühlte mich miserabel und lief nach Hause, wo ich in mein Zimmer ging und anfing, zu weinen. Später an diesem Tag ging ich hinüber zu diesem Jungen, entschuldigte mich bei ihm und bat ihn um Vergebung. Ich konnte nicht fassen, dass ich einen Jungen tatsächlich grundlos geschlagen hatte. Aus meiner Sicht war ich nach diesem Vorfall keinen Deut besser als mein Vater.

In der Junior High School zog ich für den Sportunterricht kaum einmal geeignete Sportkleidung an, denn ich schämte mich für die Striemen auf meinem Rücken und an den Beinen. Ich wollte nicht, dass die anderen Kinder dachten, ich sei ein schlechter Mensch. Deshalb verbarg ich die Striemen während der siebten und achten Klasse gut. Mit vierzehn bot ich meinem Vater eines Tages endlich die Stirn, und von da an hörte er auf, mich zu schlagen.

Dieser Tag ist mir noch gut in Erinnerung. Es war an einem verregneten Sonntagvormittag im November und ich kam gerade im falschen Moment die Treppe herunter. Mein Vater regte sich auf, weil in der Holzkiste neben dem Ofen für seinen Geschmack zu wenig Holz war. Er stand in unserem Wohnzimmer direkt neben dem Ofen, sodass er sehen konnte, wenn ich die untersten Treppenstufen der in diesen Raum führenden Treppe erreichte. Er erwähnte etwas in der Richtung, dass mehr Feuerholz in die Kiste sollte, aber ich wusste nicht, dass diese Aufforderung mir galt. Mein Vater rief mich zu sich und verpasste mir eine so heftige Ohrfeige, dass ich beinahe k.o. gegangen wäre. Als ich von der Wucht dieses Schlages nach hinten flog, hörte ich, wie mein Vater mich anbrüllte, ich solle Holz in die Kiste tun. Als ich auf dem Boden aufschlug und mich wieder fasste, erklärte ich ihm, dass ich bereits meine Sonntagskluft anhatte, weil ich zur Kirche wollte und fragte ihn, ob ich das Holz auch nach dem Gottesdienst holen könnte. Dass ich versuchte, mit ihm zu argumentieren, machte ihn umso wütender. Schließlich hatte ihn noch nie jemand in Frage gestellt. Er wollte auf der Stelle mehr Feuerholz in der Kiste und erwartete, dass ich seinem Befehl augenblicklich gehorchte. Das Nächste, woran ich mich noch erinnere, ist, dass mich mein Vater mit einer Hand in der Luft hielt und mit der anderen Hand auf die Brust schlug. Mir stockte der Atem und für einen Moment war ich wie benommen. Als ich dieses Mal wieder aufstand, war ich sehr wütend. Ich hatte die Nase voll. Ich streckte meinem Vater drohend die Faust entgegen und sagte: „Wenn du mich noch einmal schlägst, bringe ich dich um!" Ich sehe noch heute vor mir, wie der Gesichtsausdruck meines Vaters von Zorn in Gelächter umschlug. Erst war es ein leichtes Grinsen. Daraus wurde dann ein leises Lachen, das schließlich in schallendem Gelächter endete. „Du willst es also mit mir aufnehmen?", fragte mein Vater mit einem breiten Grinsen. Ich entgegnete ihm: „Ja! Ich lasse nicht zu, dass du mich noch einmal so schlägst. Lieber sterbe ich bei dem Versuch, als mich weiterhin von dir schlagen zu lassen!" Ich weiß nur noch, dass er im nächsten Augenblick verschwand und sagte: „Geh in die Kirche!" Danach hat mein Vater nie wieder Hand an mich gelegt.

Später, in der Highschool, war für mich alles anders. Ich war damals ziemlich schüchtern und zurückgezogen, wenngleich ich ein paar Jugendliche aus unserer Gemeinde etwas näher an mich heranließ. Während meiner Highschoolzeit wurde ich so unsicher, dass ich nur mit wenigen Leuten aus der Schule redete. Ich hatte eine Freundin namens Debbie. Es war eine unschuldige Liebe damals, die manche auch als „Puppy Love" bezeichneten. Händchenhalten war in den 1960er-Jahren schon eine große Sache und das Äußerste war, ein Mädchen zu küssen, weil man Respekt hatte und wusste, dass alles, was darüber hinausging, falsch wäre. Es hielt nicht lange, aber es war meine erste Beziehung und ich habe gute und lautere Erinnerungen daran.

Das soll nicht heißen, dass ich damals ein perfekter Jugendlicher war. In Wahrheit war ich ziemlich verkorkst. All das, was ich in meiner Kindheit mit meinem Vater durchgemacht hatte, aber auch die Belästigung durch Mitschüler und die Erfahrungen mit Lehrern und Erwachsenen, die glaubten, ich sei ein ungezogener Bengel, hatten aus mir einen unsicheren Menschen gemacht. Ich machte auch sehr viele Fehler und wusste oftmals nicht, was die richtige Entscheidung war. Ich fürchtete immer, nicht intelligent genug zu sein, um mit bestimmten Menschen zusammen zu sein. Das betraf jene, die so alt waren wie ich oder älter. Ich glaubte, dass mit mir etwas nicht stimmte, weil mich als Kind sogar mein eigener Vater abgelehnt hatte. Erst mit Anfang zwanzig fand ich heraus, dass ich tatsächlich einen recht hohen IQ von 136 habe.

Da ich in der Highschool ein ziemlicher Einzelgänger war, hörte ich viel Musik. Ich besaß ein kleines Transistorradio und zuhause hatten wir eine Hi-Fi Anlage inklusive Plattenspieler. Ich konnte ganz gut singen, war aber zu schüchtern, um vor anderen Leuten zu stehen und alleine zu singen. Das Singen in der Gemeinde und im Schulchor machte mir jedoch Spaß. Meine Musik gefiel mir, auch wenn man sich in der Highschool darüber lustig machte. Ich hörte nicht einfach nur Musik, ich fühlte sie auch. Ich liebte einfach die Musik!

Als ich vierzehn war, zog meine Familie nach Upper Marlboro, Maryland. Diese Gegend galt damals als ländlich, und gegenüber von unserem Haus lag ein riesiges Tabakfeld mit einer großen Scheune, wo der Tabak zum Trocknen aufgehängt wurde. Der Farmbesitzer wohnte etwa drei Kilometer von der Scheune entfernt, sodass er sie von seinem Haus aus nicht sehen konnte. Ich liebte es, zu dieser Scheune zu gehen und dort bei Regen auf den Dachspeicher zu klettern. Es wirkte irgendwie beruhigend auf mich, wenn ich den Regen auf das dünne Blechdach prasseln hörte. Ein paar Mal bin ich sogar eingeschlafen.

Das Leben auf dem Land war für mich mit einigen Problemen verbunden. Unsere Gemeinde war etwa 24 Kilometer von unserem Haus entfernt und bis zur Highschool, die ich besuchen wollte, waren es ungefähr 27 Kilometer. Kurz vor meinem fünfzehnten Geburtstag erlitt mein Vater einen Herzinfarkt und wurde dadurch arbeitsunfähig. Ich musste einen Weg finden, wie ich freitagabends zu unserer Jugendgruppe in der Gemeinde sowie zur *Suitland High*, der Schule, in die auch meine Freunde aus der Gemeinde gingen, hin- und wieder zurückkommen konnte. Die Schule, die ich eigentlich besuchen sollte, war noch weiter entfernt und ich kannte dort niemanden. Abgesehen davon, dass ich zum Fahren zu jung war, konnte ich mir auch nicht die Versicherung leisten, um mit unserem Auto oder unserem Truck fahren zu können. Deshalb begann ich, zu trampen. Es fing an, als ich mit meinen Freunden aus der Jugendgruppe zum Eislaufen gehen wollte und nur mitkommen konnte, wenn ich jemanden fand, der mich mitnahm. Natürlich fuhr kein Mensch so weit aufs Land hinaus, um mich abzuholen, aber das erzählte ich meiner Mutter. Ich erklärte ihr, dass wir uns bei einem Geschäft treffen würden, das etwa eine halbe Meile entfernt war. Also verließ ich das Haus durch die Eingangstür und verschwand hinter der nächsten Kurve, wo man mich vom Haus aus nicht mehr sehen konnte und streckte den Daumen hoch. Schließlich hatte ich das schon im Fernsehen und in Kinofilmen gesehen - also, warum nicht? Es war irgendwie unheimlich, aber ich wurde sofort von einem Mann mitgenommen, der mich in der Pennsylvania Avenue, etwa drei Blocks von der Gemeinde entfernt absetzte. Nach dieser Erfahrung trampte ich in der ganzen Gegend umher; natürlich trampte ich auch täglich zur etwa 27 Kilometer entfernten *Suitland High School.*

Nach der Highschool besuchte ich eine Bibelschule in Brooklin, Maine, die *Faith School of Theology*. Es handelte sich um eine sehr kleine Bibelschule und diese war, wie der Name schon sagt, eine Glaubensschule. Ich hatte kein Geld, um die Gebühren zu bezahlen, wurde aber trotzdem aufgenommen und durfte mir den Aufenthalt durch meine Arbeit auf der Farm der Bibelschule verdienen. Jemand hatte der Bibelschule eine Milchfarm vermacht und als Erstes mussten die Ställe ausgemistet werden. Mann, das hat vielleicht Spaß gemacht ...! Dann mussten wir circa 2,5 Hektar Land mit Elektrozaun umzäunen. Ein paar Jungs vom Land entschieden, dass ich als Städter der Glückliche sein sollte, der den Elektrozaun testen sollte, den wir aufgestellt hatten. Sie versicherten mir, dass die vorgeschlagene Methode die sicherste sei, um einen Elektrozaun zu prüfen. (Sicher weißt du, was jetzt kommt.) Ich sollte einen langen Grashalm, der in etwa der Größe eines Weizenhalms entsprach, zwischen die Zähne nehmen und damit den Zaun berühren. Sie behaupteten, dass meine Zähne isoliert seien und der Strom nicht durch sie fließen könne, und dass der Grashalm zwar funken, mir aber nichts passierte würde.

Ich suchte den längsten Grashalm, der wie ein Weizenhalm aussah und fast 30 Zentimeter lang war. Diesen Grashalm nahm ich in meinen Mund zwischen die Zähne. Ich achtete darauf, dass meine Zunge ihn nicht berührte und näherte mich dem Zaun. Ich wartete, bis jemand die Stromversorgung für den Zaun anschaltete und rückte noch ein Stückchen näher heran. Aus etwa fünfzehn Zentimeter Entfernung wartete ich auf allen Vieren auf das Signal, um den Zaun zu prüfen. Schließlich forderte mich der Kerl direkt hinter mir auf: „Los, berühr ihn und sag uns, ob du einen Funken siehst!" Natürlich hatte ich keine Ahnung, dass alle hinter mir standen, nur um zu sehen, was ich nun tun würde. Ich fühlte mich eigentlich geehrt, dass sie mich für den Test auserwählt hatten. Ich beobachtete den Grashalm sehr genau, während ich meinen Kopf dem Elektrozaun entgegen neigte, damit ich den Funken sehen konnte. Wumm! Es fühlte sich an, als hätte mir jemand in die Zähne getreten und als ob mein Mund explodieren würde. Ich spürte, wie der Strom durch meinen ganzen Körper floss. Ich sprang zurück, fiel zu Boden und rollte genau rechtzeitig auf den Rücken, um zu sehen, wie alle anderen Jungs auch hinfielen – allerdings fielen sie vor Lachen zu Boden. Ich machte mir fast in die Hose. Es tat fürchterlich weh und noch niemals zuvor hatte ich mich so sehr erschrocken.

Abgesehen von diesem Vorfall ging ich gern zur Bibelschule. Von dem Bibelschulleiter lernte ich, wie man in der Öffentlichkeit redet. Einmal rief er mich während des Unterrichts nach vorn und ließ mich das Wort „Obadja" aussprechen. Er forderte mich auf, kerzengerade zu stehen und es laut auszusprechen. Ich sollte den ganzen Raum mit meiner Stimme ausfüllen. Wie ich bereits erwähnte, war ich damals sehr schüchtern und fürchtete mich, vor anderen zu reden. Aber ich liebte den Herrn und wollte predigen. Unser Lehrer übte mit mir und nach ein paar Wochen konnte ich meine Angst überwinden und war bereit, zu predigen.

Diese Schule war hervorragend, denn sie pflegte Kontakte zu Gemeinden in ganz Maine, die es Bibelschülern ermöglichten, bei ihnen zu predigen. Ich besuchte eine Gemeinde außerhalb von Bangor, Maine, und verbrachte dort Thanksgiving mit dem Pastor und seiner Frau. Ich sollte mir aber meinen Aufenthalt verdienen und das bedeutete, ich würde in der Gemeinde predigen. Die erste Predigt meines Lebens hielt ich an einem Sonntagmorgen. Ich sprach über Römer 12,Vers 20: „Wenn nun deinen Feind hungert, so speise ihn; wenn ihn dürstet, so gib ihm zu trinken! Denn wenn du das tust, wirst du feurige Kohlen auf sein Haupt sammeln."

Es war eine alte Kirche und die Plattform, auf der man beim Predigen stand, ähnelte einer Bühne. Sie war aus Hartholz und nicht mit Teppichboden ausgelegt und von unten war sie hohl – sehr hohl. Jeder Schritt hallte durch das gesamte Gebäude. Ich war sehr aufgeregt, weil ich mit meinen achtzehn Jahren zum ersten Mal eigenverantwortlich predigen sollte. Während meiner Predigt wippte ich vor und zurück und trat häufig von einem Fuß auf den anderen, sodass diese Nebengeräusche vermutlich meine Stimme übertönten. Nach der Predigt kam jemand auf mich zu, um mich darauf hinzuweisen, beim nächsten Mal darauf zu achten, meine Füße stillzuhalten, sodass man die Predigt auch hören konnte. Das war mir peinlich, aber ich ließ mich dadurch nicht aufhalten. Damals liebte ich Gott wirklich sehr.

Als ich einmal nach Hause reiste, traf ich ein Mädchen, das sofort meine Aufmerksamkeit gewann. Sie war keine Christin, aber sie war unglaublich süß. Wir verliebten uns, oder zumindest hielt ich es in den zwei Wochen daheim für Liebe. Sie bat mich, sie nicht zu verlassen und nicht zur Bibelschule zurückzukehren. Sie überzeugte mich, dass ich mit einer anderen Arbeit als Predigen mehr Geld verdienen könne. Sie sah in mir den perfekten Verkäufer und besorgte mir einen Job in einem Discounter von GEM (Geschäft für Regierungsangestellte), wo sie arbeitete. Ihr Name war Lynn und sie arbeitete in der Apotheke des GEM-Geschäfts. Kurzum, so kam es dazu, dass ich die Bibelschule verließ, es vermasselte und mich vom Herrn entfernte. Wenn ich einen Fehler mache, dann ist es für gewöhnlich ein schwerwiegender.

den perfekten Verkäufer [illegible] Ich [illegible] von CAN [illegible] Erge-
nungsanzeige, die [illegible]
und sie [illegible] in der Apotheke des [illegible].
Kurzum, so kam es, dass ich die [illegible], [illegible]
[illegible] Wenn
Ibuprofen [illegible] macht [illegible]
[illegible]

3

Das Blutgerinnsel

Zurück zum Jahr 1978 und dem in der Überschrift erwähnten Problem: Gesundheitlich war ich in keiner besonders guten Verfassung, weil ich tagelang nicht schlief, ununterbrochen Partys feierte und mich mit verschiedenen Drogen wach hielt. Natürlich wusste ich zu dieser Zeit bereits, dass ich Probleme mit meinem linken Bein hatte und mich darum kümmern musste. Aber ich ging nur ungern zum Arzt und war mir nicht sicher, ob überhaupt jemand wusste, was wirklich mit meinem Bein los war. Würde man mich am Bein operieren? Wie sollte das Blutgerinnsel entfernt werden, wenn es überhaupt eines gab? Der Arzt, den ich aufsuchte, wollte mich direkt ins Krankenhaus schicken, weil er bei mir Thrombophlebitis, ein Blutgerinnsel tief in meinem Wadenmuskel vermutete. Natürlich hörte ich nicht auf seinen Rat, ins Krankenhaus zu gehen, denn ich wollte mich weiterhin ins Nachtleben stürzen, und außerdem war ich ja jung und unbesiegbar, oder? Also hielt ich auch in den nächsten Tagen an meinem Lebensstil fest, bis es schließlich so schlecht um mich stand, dass ich wegen der Schmerzen und der Schwellung weder gehen, sitzen noch schlafen konnte. Erst dann begab ich mich endlich in die Notfallambulanz des Butterworth Hospitals in Grand Rapids, Michigan.

In jener Nacht wurde ich mehrmals untersucht. Man kam zu dem Ergebnis, dass ich wahrscheinlich ein relativ großes Blutgerinnsel in meinem linken Bein hatte und sofort stationär behandelt werden müsse. So hatte ich also mit gerade einmal 26 Jahren eine Krankheit, die man eher bei meinem Großvater erwarten würde, aber doch nicht bei jemandem meines Alters. Was würde man nun dagegen tun? Würde man mich operieren, oder was? Schließlich betrat ein Arzt mein kleines, durch einen Vorhang abgetrenntes „Zimmer" in der Notaufnahme. Er erklärte mir, dass er tatsächlich davon überzeugt war, dass ich in meinem linken Bein ein Blutgerinnsel hatte und sofort behandelt werden müsse, da ich sonst daran sterben könnte. Zunächst wollte man mich in ein anderes Zimmer verlegen und versuchen, mein Blut so zu stabilisieren, dass es weniger dickflüssig war. Das bedeutete, dass ich ein paar Tage nicht auf den Beinen sein durfte. Ein Teil der Behandlung beinhaltete die Einnahme von Blutverdünnungsmitteln und anderen Medikamenten, die sowohl die Blutverdünnung als auch die Abschwellung begünstigen sollten. Gut, dachte ich mir, bestimmt werden sie das in ein bis zwei

Tagen hinkriegen und mich dann wieder nach Hause entlassen. Schließlich wollte ich noch jede Menge feiern. Nicht so eilig! Die Ärzte im Krankenhaus wiesen mich ins Krankenhaus ein, aber es gab gleich ein Problem. Ich reagiere hochallergisch auf Jod, der Substanz, die man für den IVP-Farbstoff verwendet, die mir für die Untersuchung des Blutgerinnsels ins Bein injiziert werden sollte. Ein neuer Arzt in diesem Krankenhaus, der radioaktive Behandlungen durchführte, fand eine andere Lösung, um die Obstruktion zu begutachten. Er wollte eine radioaktive retrograde Aufnahme machen, was 1978 als neuartige Methode galt. Damals waren die Ultraschallgeräte noch nicht weit genug entwickelt, um ein Blutgerinnsel im Bein betrachten zu können.

Ich wurde in einen Raum gebracht, in dem sich ein großes, rundes Gerät von etwa einem Meter Durchmesser befand, das auf zwei Haltearmen stand, sodass darunter ein Tisch positioniert werden konnte. Das Gerät konnte ganz leicht wie ein Roboter gesteuert werden. Ich wurde auf den Tisch unter das Gerät gelegt und das radioaktive Serum wurde in mein rechtes Bein injiziert. Während der Untersuchung wurde das große runde Gerät über meine Beine geführt, und auf einem Monitor begutachteten die Umstehenden, was sie nun sehen konnten. Ich konnte auf den Monitor blicken, aber ich sah nur Hunderte schwarzer Pünktchen, die sich nach oben bewegten. Das musste wohl mein Bein sein. Danach bekam ich eine Injektion in mein linkes Bein. Als ich auf den Monitor schaute, sah ich, dass sich jetzt nicht annähernd so viele dieser Punkte in meinem Bein nach oben bewegten. In diesem Bein wurde das Blutgerinnsel vermutet. Der Arzt wandte sich mir zu und erklärte mir in etwa: „Wir glauben, dass sich tief in Ihrem linken Bein ein Blutgerinnsel befindet. Wir haben nur soundso viele Teile der Substanz gezählt, die durch ihr Bein nach oben wandert."

Er sprach von dem radioaktiven Serum, das in meinem Bein nach oben strömte. Die Ärzte besprachen sich untereinander und teilten mir anschließend mit, dass die beste Behandlung für mich darin bestand, im Bett zu bleiben, während mein Blut verdünnt wurde. Außerdem sollte ich an meinem rechten, gesunden Bein eine Art Stützstrumpf tragen, um den Druck in meinen Beinen auszugleichen und so die Durchblutung zu verbessern.

Ich wurde in mein Zimmer geschoben, ins Bett gelegt und bekam diesen Kompressionsstrumpf angezogen sowie einen intravenösen Zugang gelegt. Mir wurden verschiedene Medikamente verabreicht und man wies mich darauf hin, dass ich unter keinen Umständen das Bett verlassen dürfte. Da lag ich nun mit meinen 26 Jahren – ich steckte voller Leben, war Mr. Party-Man und jetzt musste ich im Bett liegen. So viel zum Thema Depression. Nachdem ich etwa eine Stunde im Bett gelegen hatte, musste ich auf die Toilette und drückte den kleinen roten Alarmknopf. Eine Krankenschwester kam in mein Zimmer und fragte mich: „Was kann ich für Sie tun?" Als ich ihr sagte, dass ich zur Toilette müsse, wollte sie wissen: „Groß oder klein?" Als sie mich das fragte, kriegte ich mich vor Lachen gar nicht wieder ein und fragte mich, ob ich wie ein Fünfjähriger aussah. Jedenfalls gab ich ihr zur Antwort: „Groß", woraufhin sie sagte: „Bleiben Sie, wo Sie sind, ich bin gleich wieder da." Sie kehrte mit einer kleinen Bettpfanne ins Zimmer zurück, überreichte sie mir mit einer Rolle Toilettenpapier, zog den Vorhang um mein Bett und sagte: „Drücken Sie wieder den Alarmknopf, wenn Sie fertig sind." Wie bitte? Ich sollte in dieser Pfanne mein Geschäft verrichten und sie würde dann in das stinkende Zimmer zurückkommen und die Pfanne wie eine Art Geschenk entgegennehmen?

Offensichtlich musste ich innerhalb kürzester Zeit jede Menge übers Erwachsensein lernen. Mit sechsundzwanzig in einem Krankenhaus zu liegen, und nicht in der Lage zu sein, das Bett zu verlassen, stellte mich vor einige ganz neue Herausforderungen. Ich muss sagen, dass die Krankenschwestern und die ehrenamtlichen Mitarbeiterinnen zu den nettesten Menschen gehörten, denen ich jemals begegnet war, und dass sie extrem hilfsbereit waren. Einige von ihnen waren sogar ausgesprochen liebenswürdig. Während meines Aufenthaltes erlebte ich einige peinliche Momente, wie beispielsweise die Sache mit der Bettpfanne, oder von Fremden gebadet zu werden. Ich war mir nicht sicher, ob ich wie ein Baby oder wie ein älterer Pflegeheimpatient behandelt wurde.

Da ich damals Raucher war, lechzte ich nach einer Zigarette, aber meine Freunde konnte ich nicht dazu bewegen, ins Krankenhaus zu kommen, um mir welche zu bringen. Nach ungefähr acht Stunden ohne Zigarette drehte ich beinahe durch und fragte jeden, der an meiner Tür vorbeikam, nach einer Zigarette. Endlich hatte jemand Zigaretten dabei und gab mir eine. Ich zündete sie an und nahm ein paar tiefe Züge, bevor Schwester Crachett in mein Zimmer trat und mir die Leviten las. Sie wies mich darauf hin, dass ich mich in einem Nichtraucherzimmer befand. In den 1970er-Jahren gab es in Krankenhäusern, Restaurants, Flugzeugen und einfach überall an öffentlichen Orten sowohl Raucher- als auch Nichtraucherzimmer. Ich bat sie, mir ein anderes Zimmer zu geben, aber sie wandte ein: „Der Arzt möchte, dass Sie ein Nichtraucherzimmer haben, weil er der Meinung ist, dass Rauchen Blutgerinnsel verursacht." Ich bettelte darum, sie möge mich in ein Raucherzimmer verlegen: „Ich darf weder aufstehen noch sonst irgendetwas tun, und ich darf nicht rauchen. Sie wollen gewiss nicht erleben, wie ich sein kann, wenn ich keine Zigarette bekomme!" Ich fühlte mich in dieser Zeit wie im Gefängnis. Dies durfte ich nicht, jenes durfte ich nicht. Ich war freudig überrascht, als diese Schwester wieder in meinem Zimmer auftauchte und mir mitteilte, dass sie mich den Gang hinunter in ein Raucherzimmer schieben würde.

Nun war ich zufrieden. Ich würde aus dem Bett aufstehen und in ein neues Zimmer kommen. Nun, ganz so war es nicht; die Krankenschwester kam mit einem Krankenpfleger in mein Zimmer und sie schoben mein Bett zu meinem neuen Zimmer am Ende des Gangs. Ich war mir sicher, dass ich zumindest in einem Rollstuhl geschoben würde, aber weit gefehlt. Ich musste im Bett liegen bleiben, während das Bett zu dem neuen Zimmer geschoben wurde. Ich kam also in das neue Zimmer, aber hier war ich nicht mehr allein, wie es zuvor der Fall gewesen war. Dieser Patient sah aus, als wäre er so alt wie Methusalem. Sein weißes Haar wirkte vom jahrelangen Rauchen gelblich und ehrlich gesagt, roch es in diesem Zimmer auch nicht besonders gut. Ich versuchte, mit dem Mann ins Gespräch zu kommen: „Wie lange sind Sie schon in diesem Knast?“ Ich bemühte mich, dabei möglichst cool zu klingen. Er rollte sich auf seine linke Seite, blickte mich an und antwortete: „Keuch, keuch, keuch, keuch, hust, hust. Bisher einundzwanzig Tage. Keuch, keuch.“ Ich bemerkte, dass er Lucky Strike rauchte und mir schoss durch den Kopf: „Mensch, wenn er doch nur Filterzigaretten geraucht hätte, stünde es nicht so schlimm um ihn.“ Seine Stimme klang alt und zittrig, richtig trocken und heiser.

Etwas später an diesem Tag erfuhr ich, dass mein neuer Zimmernachbar Bob hieß. Er war erst 55 Jahre alt und hatte eine Krankheit namens COPD sowie ein Lungenemphysem, Lungenkrebs und zahlreiche weitere Probleme. Wir hatten nur einen Fernseher im Zimmer, aber Bob war es meistens egal, was ich mir ansah, außer, dass er zweimal am Tag die Nachrichten sehen wollte, weil ihn der Wetterbericht interessierte. Ich musste unwillkürlich daran denken, dass dieser Mann wahrscheinlich nie wieder dem Wetter draußen ausgesetzt sein würde und ihm von daher der Wetterbericht eigentlich egal sein könnte. Er genoss es einfach, zu erfahren, wie viel

Schnee fallen würde. Es war gerade Februar in Grand Rapids, Michigan, und wir hatten einen schneereichen Winter mit Lake Effect Schnee, der über Nacht bis zu 30 Zentimeter Neuschnee bringen konnte.

Ich erfuhr, dass Bob früher einen Schneepflug im County gefahren hatte. Das war der Grund, weshalb er so gerne den Wetterbericht sah, denn er wollte wissen, wie viel Schnee fallen würde. Am zweiten Tag redete Bob mehr mit mir. Er erzählte mir, wie viel Spaß er beim Fahren durch den Neuschnee hatte, und dass ihm diese Arbeit das Gefühl gab, etwas für andere Menschen zu tun. Er erzählte von einigen der starken Schneestürme in den 1960er- und 1970er-Jahren, durch die er sich mit seinem Schneepflug kämpfen musste. Meistens konnte man ihn nur schwer verstehen, weil er mit seiner krächzenden Stimme so leise sprach und häufig hustete und keuchte.

Am dritten Tag bekam Bob von drei Ärzten Besuch. Sie zogen den Vorhang um sein Bett herum und erklärten ihm, dass sie ihn in ein Pflegeheim bringen würden, das nicht weit vom Krankenhaus entfernt lag. Bob reagierte an diesem Morgen ziemlich ärgerlich auf die Ärzte, weil sie bezüglich seiner Prognose anscheinend um den heißen Brei herumredeten. Schließlich konnte ich hören, wie Bob fragte: „Sagen Sie mir, Herr Doktor, wie lange habe ich noch?“ Es dauerte unglaublich lange, bis der Arzt diese Frage beantwortete: „Bob … (wieder folgte eine lange Pause), nicht mehr lange, vielleicht noch einen Monat.“ Es wurde sehr still im Raum und nach einer gefühlten Ewigkeit sagte Bob: „Ich danke Ihnen." Danach sagte der Arzt nicht mehr viel und zog den Vorhang um Bobs Bett wieder zurück, bevor er das Zimmer verließ. Bob lag auf seiner rechten Seite und starrte aus dem Fenster. Ich sagte nichts zu ihm, weil ich vermutete, dass es das Beste sei, ihn einfach in Ruhe zu lassen.

Etwa eine Stunde später erschienen eine Krankenschwester und ein paar weitere Krankenhausmitarbeiter. Sie sprachen ein paar Minuten mit Bob, bevor sie ihn in einem Rollstuhl davon schoben. Bob verabschiedete sich von mir und ich wünschte ihm alles Gute, während er aus dem Zimmer gefahren wurde. In den folgenden beiden Tagen hatte ich das Zimmer für mich alleine.

Ich glaube, mein neuer Zimmernachbar kam an einem Montag. Er hatte einen seltsamen Namen, den ich wahrscheinlich noch nie zuvor gehört hatte. Er klang so ähnlich wie *Daradiesh*. „Nenn mich einfach Adam", sagte er zu mir, und das tat ich auch. Adam kam aus dem Libanon. Er hatte sich bei einem schweren Autounfall einige Rippen, den linken Arm und das rechte Bein gebrochen. In der nächsten Woche unterhielten wir uns über viele verschiedene Dinge. Er erzählte mir, dass er als Student in die USA gekommen war, um am College zu studieren und sich hinterher entschieden hatte, zu bleiben. Adam war etwa Mitte dreißig. Er erzählte mir kaum etwas über seine Heimat, außer, dass er dort eine schöne Kindheit verbracht hatte. Er schwärmte davon, wie viel besser das Wetter dort sei und dass er häufig im

Mittelmeer Schwimmen war, und wie klar das Wasser dort sei. Wir hatten nicht viele Gemeinsamkeiten, abgesehen davon, dass wir beide rauchten. Er rauchte eine Art türkische Zigaretten und ließ mich auch einmal eine probieren. Das hat mich fast umgehauen.

Wenn die Schwestern morgens zu mir kamen, kontrollierten sie als Erstes meine Vitalparameter. Sie gaben mir eine Heparinspritze, einen Blutverdünner und etwa dreißig Minuten später bekam ich dann mein Frühstück. Zumindest nannte man es so.

Nach zwei Wochen – ohne Drogen und Alkohol – wurde ich endlich aus dem Krankenhaus entlassen. Ich konnte es kaum erwarten, nach Hause zu kommen und mir einen Joint anzuzünden. Gegen 16.00 Uhr wurde ich entlassen und um etwa 17.00 Uhr kam ich nach Hause. Als Erstes zündete ich mir einen Joint an und rauchte ihn. Danach aß ich etwas, sah ein wenig fern, rauchte noch mehr Marihuana und fiel gegen 21.30 Uhr müde ins Bett. Meine damalige neue Freundin Jennifer war bei mir, als ich mich erholte und wunderte sich, dass ich so früh zu Bett ging. Aus irgendeinem Grund war ich an diesem Abend einfach erschöpft und musste schlafen gehen. Normalerweise blieb ich mindestens bis Mitternacht auf.

4

In der Hölle

In jener Nacht wachte ich gegen 23.20 Uhr auf, als etwas oder jemand mein linkes Handgelenk ergriff, es ganz fest umschloss und mich dann aus meinem Körper zog. Als ich mich umdrehte, sah ich meinen leblosen Körper einfach so daliegen. Ich war geschockt und versuchte, mich von diesem grässlichen Etwas zu befreien. Vergeblich versuchte ich, in diesem Zimmer das Licht anzuschalten. Meine Hand griff geradewegs durch die Wand hindurch. Dieses Etwas hielt mein Handgelenk mit eiserner Faust fest und ich konnte mich nicht davon lösen. Ich sah mich im Zimmer um und suchte nach einer Möglichkeit, mich zu befreien, als wir plötzlich anfingen, durch Raum und Zeit in diese schreckliche Dunkelheit zu fliegen. Wir waren so schnell, dass die Zeit keine Rolle mehr spielte. Der Ort, an den ich gebracht wurde, war der schrecklichste Ort, den ich je gesehen, gerochen oder von dem ich je gehört hatte. Ich konnte menschliche Schreie hören. Anfangs war dieses Geräusch noch weit entfernt, aber innerhalb weniger Sekunden wurden die Schreie so laut, als kämen sie aus meiner unmittelbaren Nähe. Das Geschrei übertraf alles, was ich je zuvor gehört hatte und auch der Gestank war unerträglich. Das Gefühl der Hoffnungslosigkeit, das von diesem Ort ausging, war total erdrückend.

Schlagartig wurde mir klar, dass ich in der Hölle war. Nein, dies war kein Traum und auch keine durch Drogen hervorgerufene Halluzination. Ich war tot und befand mich in der Hölle! Jegliche Hoffnung und Erwartung an das Leben war mit einem Mal ausgelöscht. Der böse Geist, der mich festhielt, hatte inzwischen angefangen, mich auszulachen. Er sah unglaublich grotesk aus und war so stark wie hundert Männer. Als ich die Schreie und das Gekreische der Menschen hörte, konnte ich ihren Schmerz fühlen – viel intensiver, als es normalerweise auf der Erde möglich ist. Mit unserem irdischen Verstand und Körper können wir diese Art von Schmerzen nicht annähernd verstehen oder aushalten. Die Hitze wurde unerträglich, obwohl ich gar keine richtigen Flammen sah.

Ich überlegte, warum ich in der Hölle war und womit ich das verdient hatte. Mir fiel ein, dass ich Gott mein Herz gegeben hatte, als ich etwa acht Jahre alt war. Ich hatte sogar kurzzeitig eine Bibelschule besucht. Ich hatte niemanden verletzt oder getötet. Warum also war ich in der Hölle? Da wurde mir klar, dass die Antwort keine Rolle spielte, denn ich wusste, dass es keinen Ausweg gab und dass ich für immer an diesem Ort gefangen war. Und zwar wirklich für immer.

Zunächst bemerkte ich nicht, dass ich mich immer weiter abwärts in Richtung Zentrum der Hölle bewegte. Ich war dort noch nicht angelangt, sondern befand mich erst in den äußeren Bereichen der Hölle. Die ganze Zeit über verlachte mich der Dämon mit dem abscheulichsten Geräusch, das ich je gehört hatte. Es lässt sich am ehesten mit den Filmen vergleichen, in denen jemand den Teufel oder einen Dämon darstellt und mit tiefer, hallender Stimme spricht oder schreit. Nun, es ist sogar noch weitaus entsetzlicher als das. Als der Dämon mich tiefer in die Hölle schleppte, wurde der Gestank so furchtbar, dass er mich völlig durchdrang. Darüber hinaus kam es mir vor, als würden die Schreie der Menschen mich buchstäblich durchbohren. Dennoch versuchte ich weiterhin, dem bösen Geist Widerstand zu leisten und schrie genauso wie die anderen Menschen. Ich konnte noch immer die unerträgliche Hitze spüren, die von irgendwo unter mir nach oben strömte.

Wenngleich sich diese Erfahrung nicht in Worte fassen lässt, werde ich versuchen, die Hoffnungslosigkeit und die Gefühle des Schreckens, die man in der Hölle empfindet, bestmöglich wiederzugeben. Ich war von allen Seiten von Menschen umgeben. Einige rempelte ich an und sie schrien so laut sie nur konnten. Sie verfluchten Gott und riefen mir zu, ich solle bitte ihre Kinder oder Angehörigen aufrütteln, dass es die Hölle wirklich gibt. Sie wussten, dass es sinnlos war, aber dennoch schrien sie weiter und weinten vor Schmerzen. Der Schmerz und die Qualen dort übersteigen jegliches Leid, das man sich nur vorstellen kann. Es ist einfach unerträglich. Man kann es mit den schlimmsten Zahn- oder Kopfschmerzen vergleichen, die man je hatte, nur tausendmal schlimmer und im ganzen Körper spürbar. Stell dir vor, du würdest aus über zehn Kilometer Höhe ohne Fallschirm aus einem Flugzeug stürzen und auf eine Betonfläche zusteuern. In so einer Situation weißt du, dass du sterben wirst. Dieses Gefühl der Hoffnungslosigkeit würde dich den ganzen Weg bis zum Aufprall am Boden begleiten. So in etwa ist die Hölle, nur 10.000 Mal schlimmer. Ich könnte dir noch wesentlich mehr über die Hölle erzählen und die Verzweiflung, die Qualen und die Leiden noch detaillierter beschreiben, aber letzten Endes bringt es dieser Vergleich auf den Punkt. Du musst dir darüber im Klaren sein, dass es in der Hölle zu spät ist, um Gott in dein Leben zu bitten. Du kannst dein Leben nicht mehr ändern oder anderen ausrichten, wie grauenvoll die Hölle tatsächlich ist. Glaub mir, du wirst in der Hölle nicht mit deinen Kumpels unterwegs sein, um Partys zu feiern. Dort befindet man sich in absoluter Finsternis und Hoffnungslosigkeit, ohne einen Fluchtweg.

Das abscheuliche Wesen, das mich gepackt hatte, zog mich weiter abwärts, und als ich spürte, dass die Hitze zunahm, fing ich an, so laut zu schreien, wie ich nur konnte. Ich schrie zu Gott, spürte aber, dass es nichts nützte. Ich glaubte, dass er mein Gebet, jetzt, da ich tot war, nicht beantworten würde. Die Möglichkeit, zu beten, hatte ich gehabt, als ich noch lebte. All mein Tun hatte nun keine Bedeutung mehr. Ich war ein Nichts und empfand nur noch pure Hoffnungslosigkeit. Es war finster und Furcht einflößend. Die Menschen schrien mich immer noch an, als ich an ihnen vorbeikam. Sie schrien: „Bitte, hol‘ mich hier raus!“ Die meisten schienen von etwas Unsichtbarem gefesselt zu sein. Es war zu dunkel, um es zu erkennen, aber als ich an ihnen vorüberging, konnte ich sehen, dass sie nicht in der Lage waren, sich zu bewegen. Sie griffen nur nach mir und versuchten verzweifelt, sich an mir festzuhalten.

In diesem Daseinszustand hast du nicht die Art Leib, wie es auf der Erde der Fall ist, aber du hast einen Körper. Es ist schwer, das in Worte zu fassen. Man kann Schmerzen spüren und alles perfekt sehen und hören. Aber der Schmerz in der Hölle ist unsäglich schrecklicher als alles, was es auf der Erde gibt. Wenn die Schmerzen in einem irdischen Leib zu schlimm werden, kann man diesem Zustand zumindest noch in der Weise entkommen, dass man bewusstlos wird, aber in der Hölle geht das nicht. Wenn man sich schneidet, tut es nur dort weh, wo man sich geschnitten hat, aber wenn man sich in der Hölle in den Finger schneidet, schmerzt es am ganzen Körper.

Ich weiß, dass ich die Kreaturen in der Hölle, ihr Aussehen, ihren Geruch und ihr Tun nur unzureichend beschreiben kann. Es gab dort Wesen, die sehr groß waren, etwa drei bis dreieinhalb Meter hoch, äußerst grotesk aussehend, mit verwestem Fleisch und entsprechendem Gestank. Viele von ihnen hatten lange, deformierte Arme und Beine und waren so stark, dass sie einen in Stücke reißen konnten. Es gab aber auch solche, die einfach nur wie Riesenschlangen umherkrochen. Ich konnte sehen, wie viele dieser Kreaturen zunächst in das Zentrum der Hölle gingen und dann auf die Erde zusteuerten. Ich nahm einfach an, dass sie von Satan persönlich Befehle erhielten und auf die Erde zurückkehrten, um diese auszuführen.

Manche dieser Bestien waren Täuschungswesen. Sie fuhren in einen Körper, um ihn in Besitz zu nehmen. Meistens handelte es sich dabei um eine sehr schöne Frau oder einen attraktiven Mann, die dann jemanden dazu verführten, Sex mit ihnen zu haben. Dieselben dämonischen Geister brachten auch Menschen dazu, an Wahrsagerei, Horoskope, Gedankenlesen und Ähnliches zu glauben. In Wirklichkeit waren es böse Geister, die in Menschen mit solchen „Fähigkeiten" wirkten. Tatsächlich waren das einfach nur gut ausgeklügelte Vermutungen, da die bösen Geister Tausende von Jahren Zeit hatten, um alles über die Menschen zu lernen. Die Drehungen und Wendungen, in die diese dämonischen Geister die Menschen verstrickten, und die Lügen, die sie ihnen glaubhaft vermittelten, sollten gezielt in die Irre führen.

Die Menschen realisieren nicht, dass vieles auf der Erde dämonischen Ursprungs ist, wie beispielsweise Geschichten über Vampire, Werwölfe, weiße Magie, Hexen, Trolle und Menschenfresser. Selbst Filme, in denen angeblich gute Hexen und Zauberer gegen das Böse kämpfen, haben dämonische Wurzeln. Ebenso solltest du wissen, dass in Videospielen, die extreme Gewalt, Mord, Zusatzleben für Kämpfe gegen das Böse und Ähnliches beinhalten, dämonische Kräfte präsent sind. Ich weiß nicht, warum heutzutage Menschen das nicht sehen, aber auch dies ist eine Intrige des Teufels. Zweifellos wird jetzt manch einer dieses Buch nicht weiterlesen, weil er an dieser Aussage Anstoß nimmt oder mich für verrückt hält. Aber genau das möchte der Teufel erreichen, damit er weiterhin Menschen betrügen und kontrollieren kann.

Eltern, wacht auf! Ich habe diese Erfahrung 1978 gemacht und ich konnte all diese unterschiedlichen Spiele sehen, noch bevor sie überhaupt erfunden oder veröffentlicht wurden. Die Zeit existiert nach dem Tod nicht mehr, denn dann kommt die Ewigkeit. Wer seinen Kindern solche Spiele erlaubt, führt sie geradewegs in die Hölle! Vergleiche einfach nur die Kinder aus den 1960er- und 1970er-Jahren mit den Kindern aus den 1980ern und 1990ern, dann siehst du, worin sie sich unterscheiden. Bei den Kindern von heute fällt auf, dass die Kommunikation viel zu kurz kommt. Sie beschäftigen sich ständig mit solchen Spielen und ignorieren ihre Eltern. Du gehst mit deinen Kindern zum Gottesdienst und sie wirken recht brav. Aber sie haben auch eine dunkle Seite, von der du nichts weißt, wenn du ihnen den Zugang zu erwähnten Spielen ermöglichst. Ich kann verstehen, dass deine Kinder dir ständig sagen, dass alle anderen es auch machen, sogar Herr Soundso erlaubt es seinen Kinder, aber das macht es noch lange nicht richtig. Selbst wenn die Kinder des Pastors deiner Gemeinde solche Spiele spielen oder solche Filme sehen dürfen, wird dadurch dämonischen Mächten eine Tür geöffnet, um in jenem Haus und in diesen Kindern zu wohnen.

Es gibt Millionen verschiedenartiger Dämonen mit unterschiedlicher Größe, Form und Bestimmung, aber sie alle haben den gleichen Auftrag. Der besteht darin, deine persönliche Beziehung zu Gott auf jede erdenkliche Weise zu zerstören. Sie können hier auf Erden in jeder möglichen Form auftreten, um sich dir zu nahen. Lass dich nicht täuschen, sie sind hier.

In der Hölle war die Rede davon, wie Dämonen hinsichtlich der Beziehung zwischen Eltern und deren Kindern rauben, stehlen und zerstören wollten. Sie planten, dies durch Bücher, Videos, Spiele, Musik, Lehrer und sogar durch unsere Regierung zu bewerkstelligen. Da Dämonen Dinge tun können, die für uns Menschen unmöglich sind, solltest du täglich für deine Kinder beten. Vielleicht klingt das für manche übertrieben, aber bete für deine Kinder und rühme das Blut Jesu über ihnen, denn das kann der Teufel durch nichts überwinden. Bedenke, als die Israeliten in Ägypten waren und der Todesengel von Haus zu Haus zog, um alle Erstgeborenen zu töten, konnte er denen nichts anhaben, die das Blut eines Lammes an die Türpfosten gestrichen hatten. Jesus ist das Lamm Gottes und sein Blut wurde für uns alle vergossen. Indem du nun den Namen Jesu proklamierst und das Blut Jesu über deinen Kindern rühmst, hältst du die dämonischen Mächte von ihnen fern. Aber du musst noch etwas tun. Du musst die entsprechenden Bücher, CDs, Videos, Spiele und dergleichen loswerden, da du sonst die Dämonen erneut in dein Haus einlädst. Als Eltern sollten wir alles daran setzen, unsere Kinder von dieser Art der Unterhaltung fernzuhalten.

Ich habe dies mit eigenen Augen gesehen und aus erster Hand erfahren. Die Hölle gibt es wirklich, da kannst du sicher sein. Wenn du dein Leben nicht in Ordnung bringst und Jesus nicht in dein Leben aufnimmst, wirst du dorthin kommen. Mit der Hölle ist nicht zu spaßen; ich war dort in alle Ewigkeit gefangen, ohne die Hoffnung, ihr jemals zu entkommen. Ich begegnete dort sehr vielen Menschen, die davon überzeugt waren, niemals in der Hölle zu landen. Das waren gute Menschen, einige von ihnen waren sogar ehemalige Pastoren, Diakone, Sonntagsschullehrer, einige uns von früher bekannte Männer und Frauen, allesamt sehr gute Menschen, aber sie waren dazu verurteilt, für immer in der Hölle zu sein. Ich kam gar nicht dazu, sie zu fragen, wie sie dorthin gekommen waren. Ich war viel zu sehr damit beschäftigt, warum ich dort war, wie ich all diese Qualen durchhalten sollte und wohin mich der Dämon wohl brachte.

Ich hörte noch mehr Menschen schreien, und nun war ich mir sicher, dass ich in die tiefste Hölle geschleppt wurde, von wo ich niemals wieder zurückkehren würde. Ich wünschte, ich könnte dir vermitteln, wie sich das anfühlte. Es ist vergleichbar mit der Art Traum, der manchmal kommt, wenn man gerade eingeschlafen ist und plötzlich das Gefühl hat, als würde man fallen. Nun, so ähnlich ist es, nur dass man nicht aufwacht und den Traum abschüttelt, sondern man fällt und fällt. Es ist nie zu Ende, genauso wenig wie die Qual, die man erleidet, sowie der Lärm und der Gestank. Der Gestank ist scheußlicher als der von verrottetem Müll oder dem schlimmsten Kloakenmief, den man sich vorstellen kann. Und das alles kombiniert mit Schwefelgeruch. Zu diesem Zeitpunkt war ich mir sicher, dass ich für immer in der Hölle gequält und brennen würde.

Ich näherte mich dem Ort, an den dieser Dämon mich bringen wollte. Schließlich konnte ich den Teufel aus einiger Entfernung sehen. Er sieht nicht so aus, wie du dir ihn vielleicht vorstellst. Er war tatsächlich ein hell scheinendes Licht und sehr schön, aber ich konnte das Böse spüren, das von ihm ausging. Die typischerweise auf Bildern dargestellten Hörner und den langen Schwanz waren nicht zu sehen, sondern der Teufel war wirklich gut aussehend. Ich glaube, das ist der Grund, warum er so viele Menschen täuschen kann. Er erscheint nur jenen Menschen auf der Erde, die für ihn von großer Wichtigkeit sind, damit er sie für sich gewinnt. Wäre er widerlich und grotesk anzusehen wie die Dämonen, würde jeder vor ihm davonlaufen. So viele Menschen wurden von ihm und seinen Lügen getäuscht, mich eingeschlossen. Ich glaubte die Lüge, Marihuana sei gut für den Menschen, weil Gott es auf der Erde wachsen ließ. Nun, Gott mag es wohl auf der Erde hervorgebracht haben, aber nicht zu dem Zweck, wie es von uns verwendet wird. Er hat auch Zyanid kreiert, aber wenn wir es in falscher Weise gebrauchen, wird es uns umbringen. Manche Dinge sind für unseren Körper tödlich und diese Dinge sind schlecht. Aber die Dinge, die deinen Geist töten, sind noch viel schlimmer.

Je länger ich in der Hölle war, desto mehr griffen die Menschen nach mir. Sie bissen mich und schrien mich an. Verschiedene Dämonen klammerten sich schließlich an mir fest. Ich spürte, wie sie aus verschiedenen Richtungen an mir zerrten, während der übergeordnete Dämon mich weiterhin an meinem linken Armgelenk festhielt. Er schrie mich ununterbrochen an und spottete über mich. Er sagte mir, ich sei ein Versager - genau wie man es mir zu Lebzeiten immer vorausgesagt hatte. Jetzt wusste ich, dass ich ganz sicher verloren war und dass es kein Zurück gab. Ich war verloren. Ich hatte alle möglichen Chancen gehabt, eine Kehrtwendung zu vollziehen und mein Leben zu ändern, aber meine Selbstzufriedenheit, war mir wichtiger gewesen. Ich dachte, was für ein Dummkopf ich doch gewesen war. Ich war unweigerlich gefangen und würde nun in alle Ewigkeit den Preis bezahlen müssen.

hervorgebracht haben, aber nicht zu einem Zweck, wie es von uns verwendet wird. Er hat auch Zwecke [illegible] aber wenn [illegible] Wort gebraucht, wird es [illegible]. Manche Dinge sind für unseren Körper tödlich und dennoch [illegible] die Dinge, die deinem Geist [illegible] und [illegible].

Je länger ich in der Hölle war, desto mehr ergriffen die Menschen [illegible]. Sie [illegible] sich und [illegible] auch in Verzweiflung [illegible] schließlich [illegible], wie sie [illegible] Klagen [illegible], während der [illegible] Dämon auch [illegible] Armageddon [illegible] und [illegible] gar, wie man es zu Lebzeiten immer [illegible] gesagt hatte. [illegible] wusste ich, dass ich ganz sicher verloren war und dass es kein Zurück [illegible]. Ich hatte alle [illegible] aufgegeben [illegible] zu [illegible] Dämonen [illegible]. Ich war [illegible] und würde [illegible] in alle Ewigkeit [illegible] müssen.

5

Plötzlich im Himmel

Auf einmal hörte ich eine Stimme wie ein mächtiges Donnern, die sprach: „Seine Zeit ist noch nicht gekommen. Seine Mutter hat von Kindheit an für ihn gebetet. Du musst ihn jetzt freigegeben; ich habe ein Versprechen gegeben!“ Der böse Geist, der mich festhielt, ließ mich auf der Stelle los und es war, als ob ich innerhalb von Sekunden aus der Hölle hinaus und aufwärts durch das All fliegen würde. Plötzlich erstrahlte überall glänzendes Licht und alles leuchtete.

Ich fühlte mich wie noch niemals zuvor, es war einfach wunderbar. Mein ganzes Sein war von wunderbaren Gefühlen durchdrungen! Nicht nur, dass ich jetzt Hoffnung hatte, ich wusste auch, dass ich mich in der Gegenwart eines himmlischen Wesens befand! Ich war unmittelbar vor diesem wunderbaren Ort, draußen vor dem Tor. Das Tor sah aus, wie von Perlen gemacht und es erstrahlte in Schönheit. Das Licht, das von ihm und der Stadt hinter dem Tor ausging, war unglaublich! Es war ein Licht, das man nicht nur sehen konnte, sondern das jede Faser deines Seins durchdrang. Das Gefühl, das damit einherging, war so beglückend, dass nichts mehr im Leben traurig war. Ich fühlte nur noch Freude und Glück - keinerlei Schmerz oder Leid. Hier gab es nichts, was mich wie in der Hölle im Griff hielt, sondern ich war frei, umherzugehen. Und so ging ich auf das Tor zu. Als ich mich näherte, erschien mir ein Engel und erklärte mir, dass ich jetzt noch nicht dort bleiben könnte, und dass meine Zeit noch nicht gekommen sei. Ich konnte alles sehen, was hinter dem Tor war. Ebenso konnte ich alles spüren, was alle anderen dort auch spürten, aber ich durfte dort nicht bleiben und herumlaufen und die Dinge tun, die ich gerne getan hätte.

Der Engel, der mich am Tor gestoppt hatte, war ein mächtiges Wesen, einem Menschen ähnlich, jedoch überlebensgroß. Sein Haar reichte bis zu seinen Schultern und er trug eine Art weißes Gewand, das aussah, als ob es leuchtete. Seine Haare waren hellbraun bis dunkelblond und nach irdischem Maß würde ich sagen, dass er ungefähr zwei Meter groß war. Wenn er mit mir redete, klang seine Stimme überaus sanft und doch war jedes Wort sehr kraftvoll. Da wurde mir klar, welche Macht Worte besitzen und sofort musste ich an die Kraft der Worte Gottes denken, wenn er spricht. Es fiel mir jetzt leicht, zu verstehen, wie das gesamte Universum allein durch sein gesprochenes Wort erschaffen wurde.

Wenn man stirbt, geschieht etwas Merkwürdiges. Auf einen Schlag weiß man Dinge; man weiß plötzlich alles, was man je wissen sollte. Es ist ungefähr so, als würde man dir eine komplette Enzyklopädie geben und in noch nicht einmal einer Sekunde wüsstest du den gesamten Inhalt. Niemand brauchte dir irgendetwas zu erklären oder zu beschreiben – du weißt es einfach mit deinem ganzen Sein. Wie ich gelernt habe, besitzt unser Geist keinen Verstand, der alles durcheinanderbringen kann. Unsere Denkfähigkeit wird einmal wie die der Himmelsbewohner sein, sodass unser Verstand nicht ständig versucht, erst einmal alles zu analysieren. Man weiß einfach alles, ohne es anzuzweifeln.

Dieser schöne Engel fuhr fort, mir Dinge über mein Leben zu sagen und was ich tun musste, wenn ich auf die Erde zurückkehrte. Als er mit mir sprach, verstand ich alles und wusste genau, was ich nach meiner Rückkehr zu tun hatte, aber dennoch wollte ich bleiben. Über vieles, was er mir erklärt und gezeigt hat, darf ich noch nicht sprechen, weil mir aufgetragen wurde, es für mich zu behalten, bis mir der richtige Zeitpunkt dafür mitgeteilt wird. Es gibt aber einige Dinge, die ich bereits jetzt an dich weitergeben darf.

Zunächst sah ich meinen Vater in einem Krankenhauszimmer. Das Zimmer war hellgelb gestrichen und das Bett meines Vaters stand in der rechten Hälfte des Raums. Des Weiteren waren eine ältere Frau und noch ein paar andere Menschen darin, die ich aber nicht erkannte. Mein Vater lag in dem Bett und hatte die Augen geschlossen, doch plötzlich richtete er sich auf, zeigte auf mich und sagte: „Ich habe dir das angetan! Ich habe dir das angetan!“ Ich erschrak und fragte, warum ich dies sehen sollte. Der Engel sprach mit mir über generationsübergreifende Flüche und Sünden auf der Erde. Er sagte mir, dass ich diese Flüche und Sünden brechen müsste, wenn ich auf die Erde zurückkehrte. Der Generationenfluch ist eine vorgeburtliche Verbindung zur Vergangenheit. Er reicht zurück bis in die dritte oder vierte Generation - manchmal sogar noch weiter, je nachdem, um welches Vergehen es sich handelt und wann es damit anfing.

Des Weiteren darf ich über die verschiedenen Gaben sprechen, die ich erhalten habe. Eine dieser Gaben besteht darin, dass ich in das Innere eines Menschen blicken kann, tief ins Innere der Seele oder des Geistes. Ich kann diese Fähigkeit nicht an- oder abschalten oder mich für eine Person entscheiden, in die ich hineinsehe. Das ist allein Gottes Sache. Ich erlebe dies nicht nur in der Gemeinde, sondern auch ständig auf der Arbeit, beim Spielen, beim Einkaufen und überall, wohin ich gehe. Ich weiß, das klingt etwas verrückt, aber ich habe diese Gabe aus einem bestimmten Grund erhalten. Wenn Gott dir eine Gabe schenkt - sei es nun Singen, Lehren, ein liebenswürdiges Wesen, eine schöne Stimme - was auch immer deine Gabe ist, gebrauche sie. Gott gibt uns unterschiedliche Gaben und ich weiß, dass es ihn schmerzt, wenn er sieht, dass Menschen das, was sie von ihm empfangen haben, nicht gebrauchen oder für die falschen Zwecke einsetzen. Aber seine Gaben sind unwiderruflich. Ich kann den Geist von Menschen sehen, insbesondere in Zeiten der Anbetung. Vieles von dem, was ich sehe, erwähne ich gegenüber der betreffenden Person gar nicht, es sei denn, der Heilige Geist gibt mir grünes Licht dafür. So funktioniert das eben.

Auch Zukünftiges wurde mir offenbart. Ich sah, dass Millionen von Menschen durch etwas miteinander verbunden waren, das sie auf einem Tisch oder auf ihrem Schoß liegen hatten und worauf sie mit den Fingern tippten. Bedenke, diese Erfahrung machte ich in den 1970er-Jahren, als es bis auf einige wenige Ausnahmen noch keine Computer und Laptops gab. Nur wenige ausgewählte Personen verfügten über solche Geräte. Die Menschen auf der ganzen Welt waren wie über ein großes Netz miteinander verknüpft. Die Menschen konnten miteinander in Verbindung treten. Sie konnten sich via dieser Geräte miteinander unterhalten und den Gesprächspartner auf ihrem kleinen Fernseher sehen.

Wie gesagt, das war im Jahr 1978 und viele dieser Dinge waren für mich äußerst befremdlich. Menschen liefen umher und unterhielten sich über kabellose Telefone miteinander, und etwas später mithilfe dieser kleinen Dinger im Ohr. Noch etwas später sprachen die Leute einfach nur in die Luft, ohne dass ich etwas sehen konnte, womit sie verbunden waren. Danach wurde mir ein kleines Gerät gezeigt, das mit einem kleinen Apparat in das Ohr der Menschen implantiert war. Sie mussten dann nur noch auf die Rück- oder Unterseite ihres Ohres tippen und den Namen einer Person nennen und schon konnten sie mit dieser sprechen. Es gab noch ein anderes Gerät, das wie ein kleiner Fernseher mit Flachbildschirm aussah. Dieses Gerät, mit dem die Leute umhergingen und darauf tippten, war sehr kompakt und dünn. Viele Menschen waren allein, während sie mit damit umherliefen und auf diese kleinen Telefone oder flachen Fernseher schauten, darauf tippten und in diese Geräte hineinsprachen. Viele Menschen wussten nicht mehr, was echte Kommunikation bedeutet. Dies war alles Teil des teuflischen Planes, die Menschen zu kontrollieren, denn wenn sie vergaßen, verbal miteinander zu kommunizieren, würden sie auch vergessen, wie man betet. Sie waren in Kontakt mit Geräten, anstatt mit Menschen. Ich sah auch Gebäude, die im Weltall um die Erde kreisten und noch andere Dinge, über die ich berichten werde, wenn ich dafür die Erlaubnis habe.

Während dieser Zeit wurde mir auch offenbart, dass einige äußerst schwierige Probleme auf unsere Nation zukommen würden - fast bis an den Punkt, dass es kein Zurück mehr gab. Aber im ganzen Land fingen Christen an, zu beten und zu handeln, um die Situation umzukehren. Einige wurden aufgrund ihrer Überzeugungen verfolgt, aber das hielt die Christen nicht davon ab, vorwärtszugehen.

Ich sah so vieles, als der Engel mit mir sprach und mir bestimmte Dinge zeigte, die ich nicht mehr begreifen konnte, nachdem ich in meinen Körper zurückgekehrt war. Ich weiß jedoch, dass sie mir zu jenem Zeitpunkt vollkommen einleuchteten. Ich weiß, dass mein Verstand hellwach war, als der Engel mit mir redete, und alles leicht zu verstehen war. Daran erinnere ich mich, aber sobald ich wieder in meinem Körper war, konnte mein Verstand diese Dinge nicht erfassen. Auch die Geschehnisse in der Hölle ergaben für mich Sinn, während ich dort war, aber als ich in meinen Körper zurückkehrte, war ich wegen einiger Dinge irritiert, weil mein Verstand sie nicht begreifen konnte. Er funktioniert einfach nicht so gut wie der unseres geistlichen Menschen. Es brauchte viel Gebet und die Hilfe des Heiligen Geistes, um das alles besser zu verstehen.

Was ich im Himmel fühlte, ist unbeschreiblich. Die ganze Zeit über hatte ich ein Glücksgefühl. Apropos Zeit, die existierte dort irgendwie gar nicht. Jetzt verstehe ich die Stelle in der Bibel, wo es heißt, „... dass beim Herrn ein Tag ist wie tausend Jahre und tausend Jahre wie ein Tag“ (2. Petr. 3, 8). Die Zeit spielt im Himmel wirklich keine Rolle. Die Zeit wurde für den Menschen hier auf der Erde geschaffen, damit er Aufzeichnungen machen kann, was wann und wo geschehen ist. Gottes Timing ist perfekt und kein Kalender und keine Uhr kann uns verraten, wann was geschehen wird. Ja, wir kennen genaue Zeitangaben, wann Gott versprochen hat, etwas Bestimmtes zu tun oder sich an bestimmten Orten zu bestimmten Zeiten zu erweisen, aber das ist nur für uns hier auf der Erde relevant. Im Himmel hat Zeit keine Bedeutung, dort ist nicht Tag oder Nacht, es ist einfach Ewigkeit.

Nun möchte ich dir erzählen, was ich im Himmel sah. Die meiste Zeit verbrachte ich mit diesem Engel, aber ich hatte auch Zeit, um mich etwas umzusehen. Mir fiel auf, dass überall im Himmel Licht war. Es gab dort weder Schatten noch dunkle Gegenden. Ich sah viele große Häuser. Nicht so, wie die Häuser hier in den Vereinigten Staaten, sondern riesige Gebäude, die aus reinem, weißen Stein gemacht waren. Die Straßen waren aus Gold, allerdings aus dem glänzendsten, reinsten Gold, das du jemals gesehen hast. Ein Fluss strömte durch den Himmel und das Wasser war so klar und rein, dass es anfangs so aussah, als führte der Fluss kein Wasser. Das Wasser klang wie das Lachen und Singen kleiner Kinder. Jedes Geräusch, das ich im Himmel hörte, brachte mich zum Lächeln und erfüllte mich mit Freude!

Im Himmel gab es Bäume; zwei sehr große, schöne Bäume standen direkt neben dem Fluss, der durch den Himmel strömte. Der eine Baum trug eine bestimmte Art von Frucht und der zweite Baum eine andere. Viele Himmelsbewohner hielten bei den Bäumen an und schauten an ihnen empor, aber ich sah niemanden, der sich von einem der Bäume eine Frucht nahm. Die Blätter an den Bäumen sahen aus wie große Magnolienblätter, nur wesentlich größer. Sie waren etwa einen Meter lang oder länger und die Äste sahen aus, als würden sie sich meilenweit erstrecken. An dieser Stelle möchte ich etwas erläutern. Da es im Himmel und in der Hölle keinen realen Begriff von Zeit, Raum oder Distanz gibt, versuche ich lediglich, das Gesehene in eine Perspektive zu rücken, die du verstehen kannst. Wenn man stirbt, werden all diese Dinge klar und verständlich, weil unser Verstand dann nicht dem widerspricht, was unser Geist weiß und versteht. Unser Verstand ist nur in der Lage, das zu verstehen, womit wir ihn füttern, ähnlich wie bei einem Computer, außer dass wir argumentieren und Entscheidungen treffen können. Aber auch nur auf der Grundlage dessen, was wir bereits wissen. Das Himmelszelt soll uns hierfür als Beispiel dienen. Uns allen wurde gesagt, der Himmel sei blau. Hätte man uns gesagt, er sei grün, sähen wir das anders. Unser Geist besitzt die Fähigkeit, Dinge zu verstehen, die unseren begrenzten Verstand bei Weitem übersteigen. Wenn wir gestorben und im Geist sind, können wir Realitäten des Universums begreifen, die wir als Menschen weder sehen noch verstehen konnten. Ich habe vieles gesehen, das ich nicht in Worte fassen kann, sodass man es vollständig verstehen könnte. Ich kann diese Dinge noch nicht einmal annähernd beschreiben. Unser Verstand ist begrenzt, aber unser Geist ist es nicht!

Die meisten von euch haben sicher von dem Buch der Offenbarung in der Bibel gehört. Was Johannes sah, lässt sich nicht vollständig mit Worten ausdrücken, obwohl er sich sehr bemüht, das Gesehene zu erklären. Ich bin mir sicher, dass alles, was er geschrieben hat, zu hundertprozentig richtig ist. Aber wenn heutzutage jemand über dieselben Visionen schreiben würde, dann würde er aufgrund der vielen Erfindungen, die es zwischenzeitlich gab, vielleicht eine andere Sprache wählen. Und auch was Hesekiel sah, würde heutzutage vielleicht anders beschrieben werden. Als ich die Dinge sah, die ich heute als Computer, Tablets und Laptops kenne, hielt ich sie für kleine, flache Fernseher, die mit einer Art flacher Schreibmaschine verbunden waren oder für elektronische Tafeln mit integrierter elektronischer Schreibmaschine. Laptops waren für mich am befremdlichsten. Was mir an den Laptops und Tablets so seltsam erschien, war die Tatsache, dass Menschen diese Geräte überall dabei hatten und offensichtlich zumeist kein elektrischer Anschluss vorhanden war. Die Menschen trugen sie draußen mit sich, am See, auf einem Boot, im Wald und einfach überall. Wie bereits erwähnt, hatte ich keine Ahnung, was ein Computer war, weil es damals keine Heimcomputer oder Laptops gab.

6

Engel und Musik

Ich möchte etwas erklären, das ich im Himmel über Engel gelernt habe. Es gibt unterschiedliche Arten von Engeln. Eine Art Engel sieht uns Menschen sehr ähnlich. Diese Engel sind in etwa so groß wie unser Geist und sehen aus wie wir. Sie empfangen spezifische Aufträge für unterschiedliche Menschen und können mehreren Personen gleichzeitig zugewiesen sein. Ich nenne sie Helferengel. Sie sind dazu da, um uns in schwierigen Lebenssituationen zu helfen, während wir auf der Erde sind. Sie können ihr Äußeres verändern, sodass sie, wenn nötig, sogar wie wir aussehen.

Die nächste Art Engel bezeichne ich als Schutzengel. Sie sind für gewöhnlich einer Person zugewiesen und haben die Aufgabe, uns vor Schaden zu bewahren. Bestimmt hast du schon einmal gehört, dass jemand auf einen unvermeidbaren Unfall zusteuerte, und im nächsten

Augenblick hatte er ihn unbeschadet überstanden. Der Grund dafür sind diese Schutzengel. Manchmal können diese Engel ihren Auftrag jedoch nicht ausführen, weil der Mensch, über der sie wachen, etwas getan hat, das den Engel daran hindert. Darauf werde ich später noch eingehen.

Engel mit Flügeln werden meistens mit einer bestimmten Botschaft zu einer Person oder einer Gruppe von Menschen gesandt. Als Jesus geboren wurde, sowie zahlreiche andere Male in der Bibel, erschienen Engel mit einer Botschaft von Gott. Ich bin mir sicher, dass die meisten von euch schon einmal von Engeln gehört haben, die in verschiedenen Gemeinden an verschiedenen Orten auf der Welt erschienen sind. Das sind meistens solche Engel. Es gibt außerdem noch andere wichtige Engel, die keine Flügel haben und den Menschen ebenfalls Nachrichten überbringen können. Aber die meisten dieser himmlischen Boten haben Flügel.

Es gibt Engel, die ausschließlich damit beauftragt sind, uns die Antwort auf unsere Gebete zu übermitteln. Wenn wir für etwas beten, sind es oftmals diese Engel, die uns die Antwort direkt vom Himmel überbringen. Einige dieser Engel wurden schon gesehen, aber größtenteils sind sie unsichtbar, wenn sie Botschaften oder Antworten auf unsere Gebete übermitteln. Sie sind weitverbreitet und steigen ständig auf und ab, rund um die Uhr. Diese Engel können uns nicht dazu zwingen, die von ihnen überbrachte Antwort anzunehmen. Diese

Entscheidung liegt allein bei uns, denn wir haben einen freien Willen.

Erzengel sind die größten und mächtigsten Engel. Sie kommen meist mit einem bestimmten Auftrag, der für gewöhnlich das Leben hier auf der Erde – so, wie wir es kennen - verändert. Wenn man sich in der Gegenwart eines Erzengels befindet, kann man seine Kraft spüren und man weiß, dass er Gott unmittelbar repräsentiert. Die Kraft, die ihnen eigen ist, kann zeitliche Abläufe und die Ereignisse hier auf Erden tatsächlich verändern. Würden wir einen Erzengel hier auf der Erde sehen, würde uns das zu Tode erschrecken. Im Himmel jedoch versteht unser Geist diese gottgegebene Kraft und man fürchtet sich nicht davor. Ich habe sehr wenige Erzengel gesehen. Nur drei von ihnen waren für mich sichtbar.

Ich habe auch Engel gesehen, deren einzige Bestimmung darin besteht, Gott anzubeten. Sie preisen Gott mit Liedern und ihre Stimmen sind tatsächlich engelsgleich. Ich glaube, treffender kann man es nicht erklären. Ihre Stimmen im Chor zu hören, würde jeden Hörer verzücken. Es gab dort noch viele weitere Engel, deren spezifischen Auftrag ich nicht kannte, aber die wenigen, die ich hier beschreibe, konnte ich einordnen. Es gibt so viele Dinge, die wir im Geist verstehen, aber nicht in Worte fassen können, weil der menschliche Verstand nicht in der Lage ist, diese Dinge zu begreifen. Die Musik im Himmel hatte nichts mit dem zu tun, was man während meiner Kindheit in den Gemeinden hörte – nicht einmal mit den modernen Liedern der

1970er-Jahre. Sie klang eher wie Choräle und Lobgesänge. Ich kann sagen, dass Lieder wie „Holy“ von der Band „Jesus Culture“ manchen Liedern im Himmel ähneln, nur ohne die dominante Elektrogitarre. Das ist Anbetung pur. Der Musikstil ist der von Lobpreismusik, aber nicht etwa im Stil von „Das alt rauhe Kreuz“ (The Old Rugged Cross) oder hymnenartiger Lieder. Es sind fröhliche Klänge im Stil von Lobpreisliedern. Denk einmal darüber nach; du bist im Himmel, Gott und Jesus sind dort und alle deine Wünsche und Bedürfnisse sind erfüllt. Wie solltest du da nicht loben und preisen! Seit ich wieder auf der Erde bin, berührt mich nichts so sehr wie Musik, weil ich die Quelle für Lobpreis kenne. Seitdem bin ich ohne Unterlass auf der Suche nach diesem wunderbaren Klang, den ich im Himmel gehört habe. Kennst du ein Mädchen namens Jackie Evancho, das wie ein Engel singt? Nun, das Mädchen singt wirklich wie ein Engel.

Auf der Erde sind wir der meisten Dinge schon nach kurzer Zeit überdrüssig. Im Himmel dagegen sind die Menschen Geist und so von Gottes Geist erfüllt, dass kein fleischliches Denken sie ermüden oder runterziehen kann. 24 Stunden am Tag, sieben Tage die Woche wird Gott gelobt, gepriesen und angebetet! Ganz offen gesagt, ich habe in den 1970er-Jahren viele verschiedene Drogen ausprobiert. Aber da war nichts dabei, das mich auch nur annähernd in ein „High“ versetzt hätte, wie es im Himmel der Fall war. Ohne unser Fleisch, das uns hinderlich ist und sündige Gedanken in unseren Verstand streut, bleibt in uns nichts weiter als Lobpreis und Anbetung übrig. Unser Geist erhebt sich und fängt einfach an, zu singen und Gott zu preisen.

Ich hörte Musik, die so melodisch und zart war, als würde sie gleich einer sanften Brise durch meinen Geist fließen und mich die ganze Zeit liebkosen. Bei mancher Musik möchte man springen und jauchzen, andere wiederum ist einfach nur angenehm und ein Wohlklang für den Geist. Im Himmel singt niemand falsch. Jeder trifft den richtigen Ton. Wenn wir dort singen, erheben sich unsere Stimmen und werden eins. Die verschiedenen Tonlagen wie Bass, Tenor, Alt und Sopran verschmelzen zu einer Stimme. Es begeisterte mich, dass wir tatsächlich gemeinsam mit den Engeln singen!

Im Himmel hat man das Gefühl, nie wieder von dort weg zu wollen. Den Himmel will man nicht mehr verlassen. Ich betone dies, weil es wichtig ist, zu wissen, dass unsere Gefühle ein Bestandteil unseres Geistes und nicht nur unseres physischen Körpers sind. Wie oft hört man Folgendes: „Man kann nicht einfach seinen Gefühlen folgen!“ Im Himmel ist das anders. Dort kann man sehr wohl nach seinen Gefühlen gehen, weil unser Geist dort keinen fleischlichen Verstand besitzt wie auf der Erde. Unser Geist kann mit all unserem Sein hören, denken, tasten, fühlen und schmecken. Deshalb lassen sich Gefühle nur schwer leugnen, sobald man gestorben und im Geist ist. Im Himmel sind Gefühle die Norm und verlässlich, anders als hier auf Erden, wo einem gesagt wird, dass man seinen Gefühlen nicht vertrauen soll. Der Grund dafür ist natürlich unser sündiges Fleisch.

Es ist wichtig, zu verstehen, dass wir mit unserem Verstand fleischlich denken und dass die geistliche Welt um uns her existiert, selbst wenn sie unsichtbar ist. Nicht alle Geister in dieser Welt sind von Gott. Es gibt auch viele falsche und bösartige Geister. Meistens erkennt man schnell, ob jemand den Geist Gottes in sich trägt oder ob jemand ein bösartiger Mensch ist. Aber wenn man stirbt und seine eigene Erfahrung macht, kehrt man mit einem geschärften Bewusstsein und einem tieferen Wissen über geistliche Zusammenhänge in dieses Leben zurück.

Es ist ungefähr so, wie der Unterschied zwischen einem Laien, der noch nie in seinem Leben gekocht hat und einem richtigen Koch. Der Koch hat Erfahrung in seinem Beruf und kennt sich in der Küche hervorragend aus. Er weiß, welche Zutaten zusammenpassen, wie man das Essen zubereitet, würzt und kocht. Aber jemand, der noch nie im Leben gekocht hat, mag zwar das Gericht kennen und hat es vielleicht auch schon einmal gekostet, aber er weiß nicht, wie man es zubereitet. Der Koch weiß genau, welche Pfanne er wofür verwendet und wie Fleisch oder Gemüse unterschiedlich geschnitten werden. Wer allerdings noch nie gekocht hat, weiß nur, wie lecker das Essen schmeckt, aber nicht, wie es zubereitet wird. Worauf ich hinaus will, ist, dass man aufgrund einer spezifischen Erfahrung mehr Wissen hat als jemand, der diese Erfahrung nicht gemacht hat. Ein Astronaut kann uns erklären, wie es im Weltraum ist, aber wir können uns das lediglich in unserer Fantasie ausmalen oder uns entsprechende Filme anschauen, um uns davon eine Vorstellung machen zu können. Doch solange wir nicht selbst dort waren, haben wir diese Erfahrung nicht wirklich gemacht. Natürlich können wir mittels eines Simulators eine Weltraumerfahrung machen, aber das ist nicht dasselbe. Ich bin einigen Menschen begegnet, die ebenfalls schon einmal gestorben waren und den Himmel erlebt haben und sie verstehen sofort, was ich meine, wenn ich sage: „Unser irdischer Verstand kann nicht verstehen, nachvollziehen oder erfassen, was unser Geist weiß." Deshalb vertraue dem Geist Gottes in dir und zerbrich dir nicht den Kopf. Gott weiß, was er tut!

7

Mehr über den Himmel

Im Himmel ist mir noch etwas anderes aufgefallen. Offensichtlich kannten sich alle untereinander, und wenn jemand Neues in den Himmel kam, so wurde die Person von denjenigen begrüßt, die sie auf der Erde gekannt hatten. Das war meistens der Fall, aber nicht immer. Manche Menschen wurden von Engeln oder anderen himmlischen Heerscharen willkommen geheißen. Es war aufregend, zu beobachten, wie die Leute empfangen wurden, wenn sie im Himmel eintrafen. Zu sehen, wie Kinder ihre Eltern trafen oder umgekehrt, früh verstorbene Kinder ihre Eltern, die nach ihnen gestorben waren, war absolut begeisternd! Wenn ein Mann seine Frau oder eine Frau ihren Mann wiedertraf, war die Freude groß! Keine Tränen, nur überfließende Freude, die den ganzen Himmel erfüllt. Nun zu der Frage, die sich die meisten Leser wohl stellen: „Heißt das, dass man im Himmel verheiratet ist?“ Die Antwort lautet: „Nein!“ Aber man erkennt den Menschen wieder, mit dem man verheiratet war und freut sich, ihn wiederzusehen, so, wie jeden anderen aus der Familie.

Außer Gott dem Vater, Jesus, dem Heiligen Geist, uns Menschen und den Engeln gibt es noch weitere Wesen im Himmel. Es ist schwierig, manche himmlischen Wesen zu beschreiben, bei anderen wiederum, will ich versuchen, dies so gut wie möglich zu tun. Im Himmel gibt es Wesen, die umhergehen und einfach nur Gott loben und preisen. Sie sind mit nichts hier auf der Erde vergleichbar, aber sie sind wunderschön und singen mit Kraft und Autorität. Sie durchwandern den Himmel und sorgen dafür, dass in jedem Bereich des Himmels Gott erhoben wird. Sie ähneln Menschen, haben große, schöne Augen und kleine, mollige Beine und Arme. Sie erinnern ein wenig an ein rundliches, kleines Baby mit einem relativ großen Mund. Sie singen und sehen aus, als schwebten sie dabei durch den Himmel.

Es gab ein Wesen, an das ich nicht nahe genug herankam, um es genauer beschreiben zu können. Es hatte überall auf seinem Körper und auf seinen Flügeln Augen. Es waren Tausende von Augen oder noch mehr. Ich konnte sehen, wie die Augen vor- und zurückwanderten, als würden sie nach etwas oder jemandem suchen. Obwohl ich in jenem Moment verstand, was die Aufgabe dieses Wesens war, bin ich mir jetzt nicht mehr sicher. Dieses Wesen hielt sich tiefer im Himmel auf, mehr in Richtung Himmelsmitte.

Von diesem Bereich, den ich als Zentrum des Himmels bezeichnen würde, ging ein sehr helles Licht aus, heller als unsere Sonne, aber es schmerzte nicht in meinen Augen, wenn ich dorthin sah. Es war, als würde man in einen reinen, weißen Blitz schauen. Als ich dieses Licht betrachtete, überkam mich ein reines und überwältigendes Gefühl einer puren, nie gekannten Liebe. Ich fühlte mich davon angezogen, so, als würde ich mit jeder Faser meines Seins dort hingezogen werden. Ich durfte allerdings nicht besonders weit gehen, weil ich noch nicht das getan hatte, was ich auf der Erde tun musste, um dort bleiben zu dürfen. Ich wünschte, ich könnte das Gefühl vermitteln, das mich überwältigte. Es war so gewaltig und gleichzeitig wohltuend. Ich wusste, dass ich in der Gegenwart des Allerheiligsten im Himmel war.

Ich kann mich an den Klang, den Duft und die Gefühle erinnern, die ich wahrnahm, als ich im Himmel umherging und ich werde sie mein Leben lang nicht vergessen. Ich erinnere mich an das Lachen, das Singen, den Lobpreis und die Schönheit von allem und jedem dort.

Wenn du dies nun liest und kein Christ bist, dann lege ich dir wärmstens ans Herz, dein Leben hier auf der Erde zu ändern, denn dieses Leben währt nur einen kleinen Augenblick, aber dein Leben danach währt ewig. Ich spreche nicht nur von hundert Jahren, sondern von der Ewigkeit. Für immer und ewig. Das ist länger, als es dauern würde, um eine Million Mal um die Welt zu wandern. Im Himmel entspräche dies weniger als einer Sekunde. Verstehst du, was ich damit sagen will? Das ist die Realität. Himmel und Hölle sind Endstationen und ich frage dich: Wo willst du die Ewigkeit verbringen? Ich versuche nicht, dich von einer Religion zu überzeugen. Ich versuche, dein Leben retten. Denke darüber nach, während du weiterliest.

Im Himmel wurde mir auch einiges gezeigt, was die Zukunft der Erde betrifft. Einige Personen verfolgten zweifellos das Ziel, diese Welt, Menschen mit Einfluss, aber auch die einfachen Leute zu verderben. Diese Personen waren von einem Geist besessen, der den Menschen falsche Hoffnungen und Illusionen vermittelte. Viele glaubten diesen Leitern, weil sie die Menschen davon überzeugten, dass es ihnen gut gehen würde, wenn sie ihnen nur vertrauten.

In der Zukunft würde Homosexualität ihren Höhepunkt erreichen und es schien, dass die Mehrheit der Menschen diese akzeptierten. Wer es nicht tat, wurde in vielen Teilen der Welt regelrecht verfolgt. Das erzürnte Gott.

Der andere Geist, der von Menschen Besitz ergriff, brachte sie dazu, Kinder zu begehren und veranlasste Eltern, ihre Kinder denen zu überlassen, die behaupteten, die Kinder zu lieben. Manche Eltern verkauften ihre Kinder sogar an diese bösen und niederträchtigen Leute. Nicht nur Männer, auch Frauen suchten nach solchen Kindern. Manche wollten homosexuelle Handlungen an diesen Kindern vollziehen, andere heterosexuelle. Das wurde in vielen Teilen der Welt akzeptiert, und darüber wurde Gott ebenfalls sehr zornig.

Es gab noch einen anderen Geist, der in der Welt weitverbreitet war. Die Gier nach Macht und Kontrolle. Diese Gier trat zunächst im Nahen Osten zutage und verbreitete sich dann weltweit mit rasender Geschwindigkeit. Sie war getarnt als eine Art von Religion und beruhte hauptsächlich darauf, junge Menschen zu rekrutieren, die den Lügen über wunderschöne Orte und Erfahrungen glaubten, die sie bekommen würden, wenn sie nur gehorsam waren. Es war die ultimative Manipulation des Denkens unserer Jugendlichen. Es wurde eine Armee gebildet, um die Welt Ort für Ort zu erobern und dabei die Nationen dieser Welt weitestgehend zu zermürben.Viele der Rekrutierten waren kleine Kinder, denen von Geburt an eingeredet wurde, dass Christen Feinde seien. Manche dieser Kinder besuchten Schulen, in denen unterrichtet wurde, dass sie Andersgläubige nicht lieben, sondern hassen sollten. Dieser Geist der Gier nach Kontrolle und Macht wird sich aber niemals durchsetzen, denn der Geist Gottes wird das nicht zulassen und die Menschen auf der Erde werden sich letztendlich dagegen auflehnen.

Ich sah, wie Israel alleine dastand. Viele Nationen hatten sich von Israel abgewandt, obwohl Israel nichts getan hatte, womit es das verdiente. Sogar die Vereinigten Staaten ergriffen Maßnahmen, die Israel schadeten. Ich sah, wie sich viele europäische Nationen gegen Israel wandten. Doch die europäischen Nationen und die

Vereinigten Staaten änderten schließlich ihre Haltung, aber erst, als der Schaden bereits angerichtet war. Diese Nationen änderten ihre Meinung, als ihnen bewusst wurde, dass sie angelogen und benutzt worden waren. Ich sah, wie Lügen, Lügen und noch mehr Lügen aus dem Nahen Osten auftauchten. Israel war die einzige Nation, die die Wahrheit sagte.

Vieles, was ich während meines Besuches im Himmel gesehen habe, ist inzwischen eingetroffen und hat Gott erzürnt. Die Menschen auf der Erde brauchen einen Weckruf, der schon bald kommen wird. Es wird große Stürme, Erdbeben und viele andere Naturkatastrophen geben, die nicht nur in den Vereinigten Staaten, sondern überall auf der Welt auftreten werden. Bedenke, dass mir diese Dinge im Jahr 1978 offenbart wurden. Das war, bevor das verheerende Erdbeben der Stärke 9,0 Japan ereilte, vor den Tsunamis und dem schlimmsten dokumentierten Taifun, der die philippinischen Inseln traf. Ich kann dir versichern, dass diese Ereignisse erst der Anfang sind. Die Menschen, die fest in Gott gegründet sind und in deren Leben er wirklich den ersten Platz einnimmt, werden gewarnt sein. Der Engel zeigte mir, dass es auf der Erde im Moment nur wenige Menschen gibt, die um diese Dinge wissen, und dass sie als Fürbitter für unser Land eintreten. Es sind nicht unbedingt die großen Evangelisten oder Fernsehprediger, sondern normale Menschen, die täglich vor Gott auf ihrem Angesicht liegen und beten. Es wird einige wichtige Prediger geben, die sich am Ende gegen diesen Schmutz und diese Unmoral erheben werden, aber diese Zeit wird erst noch kommen. Ich erfuhr nicht, wann genau das sein wird, aber ich bin mir sicher, dass es schon begonnen hat.

Als Nächstes wurde mir gezeigt, dass sowohl der Geist der Täuschung als auch der Geist der Selbstgerechtigkeit innerhalb der Gemeinde agierten. Menschen aller Religionen schlossen sich Gemeinden an und versuchten, diese Gemeinden zu spalten. Und das nur, um ihrer Selbstgerechtigkeit zu genügen. Sie gingen zu verschiedenen Personen einer Gemeinde und verbreiteten Lügen und Gerüchte über bestimmte Diener dieser Gemeinde und griffen die Pastoren und Lobpreisleiter an. Diese Gerüchte verbreiteten sich wie ein Lauffeuer. Sogar jene, die es eigentlich besser wussten, fingen an, die Lügen zu glauben, weil der Geist der Täuschung so stark war und die Menschen in der Gemeinde nicht ausreichend beteten, um richtig unterscheiden zu können. Satan weiß, wenn es ihm gelingt, die Gemeinde zu spalten, dann kann er sie auch überwinden und Menschen aus der Gemeinde stehlen. Aber auch das wird durch die Kraft des Heiligen Geistes gestoppt werden. Wenn die Menschen, die dies versuchen, nicht umkehren, werden sie bloßgestellt und für jene zur Rechenschaft gezogen werden, die sie in die Irre geführt haben.

Der Engel machte mich außerdem auf „verborgene absichtliche Sünde" aufmerksam. Das sind Sünden, die Menschen, die sich als Christen bezeichnen, regelmäßig begehen. Lass mich das erklären: Als Christ kannst du zwischen richtig und falsch unterscheiden, weil der Heilige Geist in dir wohnt. Wenn du aber meinst, richtig und falsch sei nur das, was andere Menschen in dir sehen, dann betrügst du dich selbst. Viele Menschen haben schon das Eine behauptet und hinter verschlossenen Türen das Andere gelebt. Wenn du dir Pornos ansiehst, deine Familie schlecht behandelst, deinen Ehepartner betrügst, dich mit gewalttätigen, visuellen Spielen beschäftigst, illegale Drogen nimmst, verschreibungspflichtige Medikamente missbrauchst oder täglich Alkohol trinkst und dieses Verhalten verbirgst, dann ist dies deine verborgene bewusste Sünde. Dazu zählen natürlich noch weitaus mehr sündige Verhaltensweisen, wie beispielsweise deine Kinder zu provozieren, deine Kollegin oder deinen Kollegen zu begehren, zu fluchen und alles, was du nicht tun würdest, wenn Jesus neben dir stünde. Wenn du solche Dinge immer wieder tust, obwohl du weißt, dass es falsch ist, dann ist das bewusste Sünde.

Versteckte, absichtliche Sünde ist mittlerweile unter den Christen eine der schlimmsten Epidemien. Dieses Problem übertrifft alle anderen bei Weitem. Der Engel erklärte mir, dass das Problem der verborgenen bewussten Sünde Gott missfällt, und dass er es ans Licht bringen will. Er sagte, wenn die Menschen nicht umkehrten, würde er sie bloßstellen - vom bekanntesten Evangelisten bis zum unauffälligsten Gemeindemitglied. Ich möchte betonen, dass hier nicht von unbewusster Sünde die Rede ist. Es geht vielmehr um Sünde, von der man weiß, dass sie falsch ist, für die man sich aber absichtlich und wiederholt entscheidet. Damit betrügt man sich nur selbst. Ob du es glaubst oder nicht, aber oftmals wissen die Leute, dass du etwas Bestimmtes tust, aber sie sagen nichts, weil sie einen nicht in Verlegenheit bringen möchten. Glaubst du nicht, dass du es schrecklich fändest, wenn deine Sünden vor allen enthüllt würden und jeder herausfände, was du tust? Wenn du beispielsweise deine Frau schlägst, dir Pornos ansiehst oder jemanden begehrst, obwohl du verheiratet bist - möchtest du wirklich, dass diese Vorfälle öffentlich bekannt werden?

Bei mir ist das etwas anders. Ich wurde damit beauftragt, dich zu warnen, weil ich dort gewesen bin und du garantiert nicht in die Hölle kommen willst. Diese Warnung wurde mir mit auf den Weg gegeben: Entweder du kehrst um und änderst dein Leben - oder es kommt ans Licht. Jetzt ist die Zeit, um das zu beherzigen, was ich dir sage. Wenn du dieses Buch gelesen hast, bist du gewarnt worden.

Ich möchte dir eine Frage stellen: Wenn du ein dreijähriges Kind siehst, das die Straße entlang geht, sich auf einmal umdreht und direkt auf den Gegenverkehr zusteuert, der ihm mit etwa 120 kmh entgegenkommt - was würdest du tun? Würdest du einfach davonfahren, wegsehen und hoffen, dass jemand anhalten und dem Kind helfen wird? Oder denken, das Kind würde es auf wundersame Weise bis zur anderen Straßenseite schaffen? Ich könnte wetten, die meisten würden mit quietschenden Reifen anhalten, aus dem Auto springen und das Kind retten. Genau das tue ich, indem ich dich warne. Diese Sünde lässt sich am ehesten ausmerzen, denn du weißt bereits, dass es falsch ist und kennst den richtigen Weg. Deshalb höre damit auf, bevor es zu spät ist! Du kannst dir nicht vorstellen, wie viele Menschen ich in der Hölle gesehen habe, die sich sicher waren, dort nicht hinzugehören. Diese Menschen dachten nicht, dass sie dort hinkämen. Aber versteckte absichtliche Sünde hat in den letzten Jahren um sich gegriffen und nimmt täglich zu, insbesondere angesichts der kontinuierlichen technologischen Neuheiten. In naher Zukunft wird diese neue Technologie sogar menschenähnliche Formen erschaffen, die Gegenstand der übelsten Begierde sein werden, die es je gab.

8

Zur Erde zurück

Sehr viele Dinge, die wir hier auf der Erde nicht wissen, werden uns im Himmel offenbart werden. Sobald wir dort ankommen, werden wir sie verstehen. Ich kann dir berichten, dass es im Himmel kein Leid, keinen Schmerz und kein Bedauern gibt. Ich wünschte, ich könnte alles so vermitteln, wie ich es gesehen und gespürt habe, aber es übersteigt das menschliche Denken. Wenn du in den Himmel kommst, wirst du dich nicht um deine Kinder oder andere Angehörige auf der Erde sorgen, weil du in der Gegenwart Gottes sein wirst, und das ist etwas Unbeschreibliches.

Ich möchte dir noch etwas genauer erklären, warum ich vor der Hölle verschont wurde. Es hatte nichts mit mir persönlich oder meinen Hilfeschreien in der Hölle zu tun. Der Engel, der im Himmel mit mir sprach, sagte mir, dass Gott die Gebete meiner Mutter ehrte, weil sie ihm gegenüber so treu war und über 20.000 Mal für mich gebetet hatte. Er erklärte, dass Gott ihr ein Versprechen bezüglich ihrer Kinder gegeben hatte. Sie hatte täglich zwei bis drei Mal für mich gebetet. Kannst du dir vorstellen, dass jemand 20.000 Mal für dich betet? Meine Mutter ist eine gottesfürchtige Frau und hat alle ihre Kinder in den Wegen Gottes erzogen und dafür gesorgt, dass wir sozusagen in der Gemeinde aufwuchsen. Wir entschieden uns vielleicht für die falschen Wege, aber weil meine Mutter uns in den Wegen des Herrn erzogen hatte, wusste sie, dass wir alle eines Tages zum Herrn zurückkämen, selbst wenn wir auf Abwege geraten würden. Da hattest du recht, Mama.

Der Engel im Himmel erklärte mir, dass jeder, der in die Hölle kommt, nach Gott schreit, aber dass es für diese Menschen meist zu spät ist. Von vielleicht fünfhundert Milliarden war ich möglicherweise der Einzige, der je der Hölle entrinnen konnte. Und das geschah nicht aufgrund irgendwelcher Werke, die ich auf der Erde getan hatte oder wegen meines Lebensstils, sondern wegen der Gebete meiner Mutter. Ihr Eltern, hört niemals auf, für eure Kinder zu beten! Auch wenn es ausweglos erscheint, betet weiterhin für sie und gebt niemals auf!

Als der Engel aufhörte, zu reden, erlaubte er mir, eine Zeit lang direkt im Tor zu verweilen und zu sehen, wie es im Himmel war. Oh, ich wollte dort nicht mehr weg und nicht wieder zur Erde zurückkehren. Es war so herrlich und wunderbar. Die Musik, die man im Himmel hört, geht förmlich durch einen hindurch.

Man kann die Musik und den Gesang buchstäblich fühlen. Sie durchdringt jede Faser deines Seins und ist unglaublich schön und erhebend. Ich dachte: „Bitte, Gott, ich möchte nicht auf die Erde zurück“, aber ich durfte nicht bleiben, denn ich musste mein Leben ändern, um in den Himmel zurückzukehren. Ich hatte eine Aufgabe zu erfüllen und ich musste dieses Buch schreiben.

Als Letztes sagte der Engel zu mir: „Du musst noch warten. Das, was du erlebt hast, darfst du erst erzählen, wenn es dir gesagt wird.“ Ich verstand diese Ermahnung und wusste auch, dass mein Leben nicht so war, wie es sein sollte, und dass ich etwas ändern musste.

Ich kehrte zur Erde zurück und im nächsten Augenblick war ich in meinem Schlafzimmer. Dort waren zwei Sanitäter, die gerade gekommen waren. Einer der Sanitäter fühlte an meinem Hals nach dem Puls und schüttelte den Kopf, als er über seine rechte Schulter zu dem anderen Sanitäter blickte, der hinter ihm stand. Der Mann hinter ihm wollte gerade etwas aus seinem Arztkoffer holen, während der andere, der meinen Puls fühlte, mich auf den Rücken drehen wollte, weil ich auf meiner linken Seite mit dem Gesicht zur Wand lag. Genau in diesem Moment kam mein Geist wieder in meinen Körper zurück und begann, ihn zu wachzurütteln. Mein Körper bebte heftig und ich zitterte, als hätte ich einen Stromschlag bekommen, sodass die Sanitäter richtig erschraken. Plötzlich konnte ich atmen und öffnete meine Augen. Ich sah den überraschten Sanitäter direkt an. Ich werde niemals seinen Gesichtsausdruck vergessen, als er mich mit erschrockener Stimme fragte: „Geht es Ihnen gut?“ Ich antwortete ihm, dass es mir gut ging, obwohl ich mich nach der Rückkehr in meinen irdischen Körper in einer Art Schockzustand befand. Sie bestanden darauf, mich gründlich zu untersuchen und als sie nach etwa zwanzig Minuten nichts Ungewöhnliches bei mir feststellen konnten, gingen sie. Zuvor versuchten sie jedoch, mich zu überzeugen, mit ihnen ins Krankenhaus zu kommen, aber ich lehnte ab. Mir war bewusst, dass etwas Bedeutsames geschehen war und ich versuchte angestrengt, alles einzuordnen. Ich fürchtete mich jedoch nicht, zu Hause zu bleiben. Ich wusste, dass mir nichts mehr passieren würde. Übrigens habe ich schnell ein kurzes Gebet gesprochen: „Herr, vergib mir meine Sünden. Ich nehme Jesus als meinen Herrn und Retter an. Amen!“

In dieser Nacht konnte ich nicht mehr schlafen. Ich wollte kein Marihuana mehr rauchen und auch sonst nichts weiter tun, als dazusitzen und mir darüber klar zu werden, was gerade mit mir geschehen war. Die Sanitäter hatten mir gesagt, dass meine Freundin an diesem Abend gegen 22.45 Uhr angerufen hatte, und dass sie etwa fünf Minuten später da gewesen seien. Mein Körper hatte sich kalt angefühlt und war blau verfärbt. Ich hatte keinen Puls und atmete nicht. Ich war tot. Sie sagten mir auch, dass sie noch nie zuvor bei jemandem gesehen hatten, was ich tat, als ich wieder zum Leben erwachte. Mein Zittern überraschte sie. Ich weiß, dass ich versuchte, meinen Körper aufzuwecken, ich schüttelte ihn, weil er so steif war und ich nicht atmen konnte.

Am nächsten Morgen stand ich gegen 6.00 Uhr auf und fuhr ins Krankenhaus, um den Arzt zu sprechen, der mich wegen des Blutgerinnsels behandelt hatte. Ich kam dort bereits etwa gegen 6.30 Uhr an, denn um diese Zeit war in Grand Rapids, Michigan, überhaupt kein Verkehr. Der Arzt hatte im Krankenhaus ein Besprechungszimmer für Beratungsgespräche und ich wartete im Gang, bis er aus dem Zimmer kam, damit ich ihn ansprechen konnte. Kurz nach 7.00 Uhr kam der Doktor und ich fragte ihn, ob ich ihn noch vor der Visite sprechen dürfe. Er willigte ein und wir betraten sein Büro. Ich erzählte ihm, was mit mir geschehen war. Du musst verstehen, dass ich zu Tode erschrocken war und dachte, ich hätte Wahnvorstellungen oder etwas in der Art. Ich redete über eine Stunde lang, während der Arzt mir mit großem Interesse zuhörte. Anschließend fragte ich ihn: „Bin ich übergeschnappt oder habe ich das wirklich erlebt?“ Ich erinnere mich, dass der Arzt unmissverständlich antwortete: „Ich glaube, was Sie erlebt haben, war real. Ich sage nicht, dass Sie lediglich glauben, es sei real, sondern dass es tatsächlich geschehen ist.“ Er fuhr fort, mir von einigen seiner Patienten zu erzählen, die gestorben und wieder zum Leben erwacht waren, und dass sie ihm Ähnliches berichtet hatten, nur dass diese nicht in der Hölle gewesen waren. Ich war der Erste, der ihm von der Hölle erzählte. Er erklärte mir außerdem, dass das Blutgerinnsel so groß war, dass er Sorge hatte, ein Teil des Gerinnsels würde nach der Blutverdünnung in mein Herz oder meine Lunge wandern. Deshalb hatte man mich zwei Wochen dortbehalten, anstatt wie üblich eine Woche.

9

Und was jetzt?

„Und was mache ich jetzt?“, fragte ich mich. Ich war gestorben, war in der Hölle und dann im Himmel. „Wer wird mir das jemals glauben?”, überlegte ich. Ich war ziemlich durcheinander, aber ich dachte an die Worte des Engels, bevor ich wieder auf die Erde zurückkehrte: „Du musst noch warten. Das, was du erlebt hast, darfst du erst erzählen, wenn es dir gesagt wird.“ Ich hatte keine Ahnung, wann das sein würde. Ich hoffte, dass ich bis 1980 dafür bereit sein würde, aber zu diesem Zeitpunkt war ich noch weit davon entfernt. Erst 1994 änderte ich mein Leben von Grund auf und wandte mich Gott zu.Verstehe mich nicht falsch, ich hatte zwar schon vor 1994 aufgehört, zu trinken, Drogen zu nehmen, mit zahllosen Frauen zu schlafen und andere sündhafte Dinge zu tun. Doch erst im August 1994 vertraute ich mich Gott vorbehaltlos an.

Im Juli 1994 zog ich mit meiner Familie von Nashville, Tennessee, nach Albuquerque, New Mexico. Ich war verheiratet und wir hatten ein Kind. Unser Sohn Christopher wurde 1985 geboren. Ich brachte Christopher bei, wie man betet, wie man ein Tischgebet spricht und erzählte ihm von Jesus. Aber ich war mit ihm bisher in keiner Gemeinde gewesen. Im August 1994 kam unsere neue Nachbarin Dana bei uns vorbei, stellte sich vor und lud uns in ihre Gemeinde ein. Ich wusste, dass es nun an der Zeit war, in eine Gemeinde zu gehen. Christopher war damals acht und wurde im Dezember neun. Er musste mehr über Gott erfahren und ich wusste, dass die richtige Zeit nun gekommen war. Insbesondere brauchte er Gleichaltrige, mit denen er gemeinsam mehr über den Herrn lernen konnte.

In diesem August, kurz nach unserem Umzug nach Albuquerque, luden uns also Dana und ihr Mann Nick bei sich Zuhause zum Abendessen ein und spielten mit uns „Bible Pictionary", eine Art Bibelquiz. Ich war in einer Gemeinde aufgewachsen und sogar im Himmel gewesen und war deshalb überzeugt, dass ich in diesem Spiel sehr gut abschneiden würde. Wie sich herausstellte, spielten wir das Bible Pictionary Spiel für Kinder, und ich war grottenschlecht. Es war erschreckend, dass alle anderen die Antworten wussten und ich erst dann auf die Antwort kam, als jemand anderes sie gab. Ich fühlte mich wie ein Idiot. An jenem Abend beschloss ich, bei diesem Spiel nie wieder so schlecht abzuschneiden und anzufangen, die Bibel zu lesen.

Schon am nächsten Morgen stand ich früh auf, schlug meine Bibel auf und fing bei 1. Mose, Kapitel 1, Vers 1 an zu lesen. Ganz recht. Ich war entschlossen, die Bibel von vorne bis hinten durchzulesen. Ich hatte gehört, dass man die ganze Bibel in einem Jahr lesen konnte, wenn man täglich nur drei Kapitel las. Ich dachte mir: „Na klar, das schaffe ich" und las an diesem Morgen drei ganze Kapitel, wie auch an jedem weiteren Morgen, ein ganzes Jahr lang. Naja, zumindest mit wenigen Ausnahmen. Als ich beispielsweise zu Psalm 119 kam, las ich nur diesen einen Psalm, aber an anderen Tagen las ich dafür vier oder fünf Kapitel, um wieder aufzuholen.

Schließlich war ein Jahr vorüber. Ich erinnere mich noch, als ich den letzten Vers in Offenbarung Kapitel 22, Vers 21 las: „Die Gnade unseres Herrn Jesus Christus sei mit euch allen! Amen" (Schlachter). Juhuu! Jetzt hatte ich es geschafft, die ganze Bibel zu lesen! Insgeheim dachte ich mir: „Wow, Ivan, wie viele Menschen haben tatsächlich jedes Wort in der Bibel vom Anfang bis zum Ende gelesen?" Ich war so stolz auf diese Leistung. Dann hörte ich, wie eine Stimme zu mir sagte: „Und jetzt?" Ich dachte mir: „Und jetzt? Was meinst du? Ich habe die ganze Bibel gelesen!" Dann hörte ich abermals diese Stimme: „Woran kannst du dich noch erinnern?" Ich überlegte: „Nun, ich kann mich noch an Adam und Eva erinnern, an Noah, Mose, Hiob, Jesus und noch an ein paar andere Dinge." Daraufhin sagte die Stimme: „Was kannst du zitieren?" Nun, das war nicht gerade das, was ich hören wollte, weil die einzige Stelle, die ich zitieren konnte, Johannes 3, Vers 16 war: „Denn so sehr hat Gott die Welt geliebt, dass er seinen eingeborenen Sohn gab, damit jeder, der an ihn glaubt, nicht verloren geht, sondern ewiges Leben hat.“ Mir war also klar, dass ich an diesem Punkt noch arbeiten musste, aber dann hörte ich wieder die Stimme: „Lies sie noch mal!“ Lies sie noch mal? Aber ich war doch gerade erst damit fertig geworden, sie einmal durchzulesen! „Lies sie noch mal“, sagte die Stimme abermals. Okay, die Botschaft war angekommen. Also fing ich noch einmal an, die Bibel vollständig zu lesen. Seit 1994 habe ich die Bibel nahezu jedes Jahr einmal durchgelesen. Folgendes habe ich über das Bibellesen gelernt. Es gibt jeden Tag wieder etwas Neues darin zu entdecken, egal wie oft man die Bibel liest. Meine Bibel ist schon so abgegriffen, mit Markierungen versehen und fällt schon auseinander, aber es ist immer noch meine Bibel und ich entdecke an jedem einzelnen Tag eine neue Bedeutung. Ich wusste, dass ich diese alte, zerfledderte und mit Notizen gespickte Bibel eines Tages an meinen Sohn Christopher weiterreichen würde, und letzte Weihnachten war es so weit.

Natürlich musste ich nicht nur hinsichtlich meiner Persönlichkeit, sondern auch in geistlicher Hinsicht reifen. Ich fragte mich immer wieder, warum Gott mir nicht erlaubte, dieses Buch über meine Erfahrungen zu schreiben, aber mir wurde unmissverständlich klar, dass ich im Wort Gottes und in meinem Gebetsleben tiefer gegründet sein musste. Ich habe seit 1978 viele Fehler gemacht und mich gefragt, warum ich diese wider besseres Wissen beging. Ich denke, das beweist nur, dass die menschliche Natur ständig im Zaum gehalten werden muss, und darin war ich eine Zeit lang nicht besonders gut.

In den letzten vier Jahren verbrachte ich viele Tage und Nächte auf meinem Angesicht vor Gott. Außerdem studierte ich mehr im Wort Gottes. Inzwischen habe ich eine unerschütterliche Beziehung zum Herrn, vor allem, nachdem der Herr einige Dinge aus meinem Leben entfernte, um mich auf das Schreiben dieses Buches vorzubereiten. Letztes Jahr, im Januar 2013, fing ich an, die Skyway Church in Goodyear, Arizona, zu besuchen. Dort gibt es jeden Mittwochmorgen einen öffentlichen Gebetsgottesdienst, den ich möglichst wöchentlich besuche. Solche Gebetsversammlungen sind heutzutage in den Gemeinden nötig, weil diese dadurch befähigt werden, Gott mit Weitsicht und in Einheit zu dienen. Im März kamen nur etwa dreißig Leute zu dem Gebetstreffen. Aber heute, Ende 2013, sind es bereits um die hundert. Es findet langsam Anklang. In diesem Rahmen können wir für bestimmte Anliegen miteinander beten und haben die Möglichkeit, Gott im gemeinsamen Gebet und Lobpreis zu feiern. Das gibt mir Kraft!

Ich erwähne das, weil einige Gemeinden heutzutage das Hauptaugenmerk darauf richten, ihr Programm durchzuziehen und sich kaum Gedanken darüber machen, was die Menschen, die in den Gottesdienst kommen, tatsächlich brauchen. Wie können eine zwanzigminütige Predigt und drei bis fünf Lieder pro Woche den Menschen wirklich helfen? Wir müssen das Angesicht Gottes suchen.

In meiner Kindheit in der Evangel Assembly of God Church in Forestville, Maryland, gab es richtige Gebetsversammlungen, in denen wir ernsthaft Gott suchten. Manchmal begannen wir, um sieben Uhr abends zu beten und hörten nicht vor Mitternacht auf. An jedem Silvesterabend kamen wir etwa um neun Uhr abends zusammen, um einige Lieder zu singen und eine kurze Predigt von unserem Pastor zu hören. Danach gingen wir auf die Knie. Wir beteten bis ins neue Jahr hinein und gingen nicht vor ein oder zwei Uhr morgens nach Hause. In den meisten Gemeinden wird heute der Silvestergottesdienst sehr kurz gehalten und man verschwindet schnell wieder. Eine Viertelstunde nach Mitternacht fangen sie an, die Lichter auszuschalten, damit man weiß, dass es Zeit ist, zu gehen. Ich sage nicht, alles sollte so sein wie früher, aber wir sollten Gott ernsthaft suchen.

Es gibt neue Bewegungen des Geistes und die alten Wege passen nicht zu den neuen Wegen - genauso wenig, wie der neue Wein nicht in die alten Weinschläuche passt. Wir müssen uns anpassen, aber wir sollten niemals die Anbetung und das Gebet aus den Augen verlieren. Bedenke, wie oft im Neuen Testament steht, dass Jesus betete. Schließlich war er der Sohn Gottes. Hatte er es wirklich nötig, zu beten? Wenn Jesus beten musste, wie viel mehr wir? Wir haben es wesentlich nötiger, zu beten als Jesus, aber wir glauben anscheinend, dass es mit einem kurzen Gebet am Abend getan ist, und dass ein Tischgebet vor und nach dem Essen genügt. Aber ich sage dir, es reicht nicht. Jesus kommt wieder für eine

Gemeinde, die sich auf ihn vorbereitet hat, und nicht wegen einer Gruppe von lauwarmen Menschen.

Damit möchte ich Folgendes sagen: Ich weiß, dass ich in der Hölle und im Himmel gewesen bin und ich muss noch jede Menge über Gott in meinem Leben erfahren. Ich will ihn nicht noch einmal enttäuschen. Einige meiner Leser wissen, dass sie das Feuer in ihrem Leben wieder neu entfachen müssen. Höre auf, Gemeinde zu spielen oder überhaupt Spielchen zu spielen. Erforsche dein Herz und entscheide dich dafür, wieder Feuer und Flamme zu sein. Es spielt keine Rolle, in welche Gemeinde du gehst, aber es ist wichtig, welche Lehre du hörst und wie viel Zeit du mit Gott verbringst. Die Gemeinde wird dich nicht retten oder in den Himmel bringen. Das liegt ALLEIN bei dir!

Die althergebrachte Sichtweise, dass Pastoren alle in der Gemeinde anfallenden Aufgaben übernehmen, verändert sich, und das ist auch nötig. Wir sind die Gemeinde, nicht das Gebäude, das wir jeden Sonntag betreten. Wir alle müssen aktiver werden. Es ist nicht die Aufgabe des Pastors, allen in der Gemeinde zu dienen. Das ist unsere Pflicht als Christen, aber wir sind dazu nicht fähig, wenn wir nicht genügend beten und in der Bibel lesen.

Worauf ich hinaus will, ist, dass es eine neue Bewegung des Heiligen Geistes gibt, die sich in der ganzen Welt ausbreitet. Wenn du nur am Sonntag in den Gottesdienst gehst und vielleicht noch einmal unter der Woche, aber darüber hinaus nicht weiter über das Wirken des Geistes forschst, dann wirst du sie verpassen. Nicht nur das, du wirst nur ein unbeteiligter Außenstehender sein und darüber urteilen. Viel zu viele Menschen - in der Vergangenheit ebenso wie in der nahen Zukunft - kritisieren die Bewegung des Geistes. Sie tun so, als wüssten sie über alles Bescheid und wüssten alles, was Gott tun kann, und als ob Gott sie um Erlaubnis bitten müsste. Ich habe Neuigkeiten: Gott braucht unsere Zustimmung nicht! Er wird so oder so wirken. Bedenke, Jesus sagte, dass wir die Werke tun werden, die er tut und noch größere tun werden (siehe Joh. 14, 12). Und wie kommt man dahin? Indem man Gottes Wort liest und Zeit im Gebet verbringt.

Manchmal, wenn ich über den Herrn spreche und von dem, was er für mich getan hat und mitteile, was mir auf dem Herzen liegt, werde ich zuweilen gefragt: „Wer hat dir die Autorität gegeben, das zu sagen?“ Ich liebe den Gesichtsausdruck dieser Menschen, wenn ich erwidere: „Jesus!“ Für gewöhnlich verlieren sie die Fassung und ärgern sich, aber sie können sich nicht verkneifen, zu fragen: „Willst du etwa behaupten, dass Jesus direkt zu dir spricht?“ „Ja sicher, das tut er, und er spricht auch zu dir. Übrigens, ich bin mir sicher, dass er dich gestern um Erlaubnis gebeten hat, ob er zu mir reden darf.“ So lautet meine Antwort, und meistens ist das Gespräch damit beendet. Sie wissen einfach nicht, wie sie darauf antworten sollen. Manche sind beleidigt und gehen davon, andere starren mich an und suchen nach einer Antwort, aber für gewöhnlich sagen sie nichts.

Ich will damit sagen, dass wir alle demselben Gott dienen. Aber Gott hat kein Interesse an Religion, sondern an einer persönlichen Beziehung zu dir. Adam gehörte keiner Religion an, aber er redete mit Gott im Garten Eden. Mose gehörte keiner Religion an, aber er sprach direkt mit Gott und Gott gebrauchte ihn, um sein Volk aus Ägypten zu befreien. Religion wird dich nicht in den Himmel bringen; vielmehr kommt es darauf an, dass du eine persönliche Beziehung zum Herrn hast. Du kannst etwas Einfaches tun. Bitte Gott, dass der Heilige Geist dein Lehrer ist, wenn du in der Bibel liest. Ich habe das auch getan, und der Heilige Geist wurde mein Lehrer. Er öffnete mir die Augen und offenbarte mir Wahrheiten, und das ist seither tagtäglich so.

Da gibt es noch etwas: Höre auf, anderen die Schuld dafür zu geben, dass du auf deinem Weg mit dem Herrn noch nicht da bist, wo du sein solltest. Das liegt nicht an den anderen, sondern allein an dir. Höre auf, den Pastor deiner früheren Gemeinde zu beschuldigen. Du weißt schon, der Pastor, der dich verletzt hat, weil er etwas nicht so gemacht hat, wie du es gerne gehabt hättest und der etwas gesagt hat, das dich gekränkt hat. Wenn du weiter an dieser Lüge festhältst, wird dich das geradewegs in die Hölle bringen, wenn du einmal stirbst. Ich kann dir versichern, in der Hölle sind viele Menschen, die genau wie du auf diese Lüge hereingefallen sind.

Die Hölle ist keine Fantasievorstellung und sie ist auch nicht nur für die ganz schlechten Menschen bestimmt. Dort sind auch jene, die Gott den Rücken gekehrt haben. Ich muss es ja wissen, weil ich dort gewesen bin und genau diesen Fehler gemacht habe. Warum lässt du dich hinsichtlich deines Wandels mit dem Herrn von anderen Menschen negativ beeinflussen? Das kannst du dir nicht leisten und außerdem hast du auch nicht die Zeit dafür. Ich war erst 26 Jahre alt, als ich starb und ich bin einer der wenigen Glücklichen, die zurückkommen und ihr Leben in Ordnung bringen konnten. Die Hölle gibt es wirklich! Spiele nicht mit dem Feuer, sonst wirst du zu denen gehören, bei deren Beerdigung man seufzt: „Ich hoffe wirklich, dass er es geschafft hat.“

Ich bin nicht Gott und kann dir nicht sagen, ob du in die Hölle kommst oder nicht. Das ist allein Gottes Sache. Aber ich kann dir sagen, was mir gezeigt und gesagt wurde, damit du der Hölle entrinnen kannst. Ich kann dir auch nicht sicher sagen, ob du in den Himmel kommst oder nicht, aber das kannst du selbst entscheiden, indem du Gott dein Herz schenkst und Jesus als deinen Herrn und Erlöser annimmst und dein Leben nach Gottes Willen führst. Glaube nicht der Lüge, dass du, nachdem du Gott dein Herz gegeben hast, deine Fleischeslust hemmungslos ausleben und ständig über die Stränge schlagen kannst, und trotzdem in den Himmel kommen wirst. Ich bin der lebende Beweis dafür, dass dies nicht funktioniert. Ich danke Gott, dass ich dieser lebende Beweis bin, weil andere Menschen, die das gleiche Leben geführt haben und gestorben sind, immer noch in der Hölle sind. Für immer. Mir wird immer noch ganz mulmig bei dem Gedanken, in Ewigkeit verloren zu sein - für immer und ewig.

Erst im Frühjahr 2013 erfuhr ich, dass meine Großmutter im Jahr 1978, als ich nicht für Gott gelebt hatte, eine Vision oder einen Traum von mir hatte. Sie erzählte meiner Mutter und allen anderen damals, dass sie mich predigend und singend auf einem gigantischen Felsen stehen sah. Meine Mutter hatte mir nie davon erzählt, weil sie dachte, dass meine Großmutter ein wenig verwirrt sei. Schließlich lebte ich zu dieser Zeit nicht mit Gott und meine Mutter wusste, dass ich Drogen nahm. Damals wohnte ich lange Zeit nicht in der Nähe meiner Mutter oder meiner Großmutter und hatte auch keine Gelegenheit, mit meiner Großmutter zu telefonieren. Sie lebte damals in den Bergen von Maryland und ich wohnte in Michigan. Meine Mutter lebte ebenfalls in Maryland. Obwohl wir von Zeit zu Zeit telefonierten, wusste meine Mutter, dass ich nicht für Gott lebte und dass ich Drogen nahm. Deshalb beschloss sie damals, mir nichts davon zu sagen. Nach einer Weile hatte sie es einfach vergessen. Als ich ihr im Frühjahr 2013 am Telefon berichtete, dass ich als Prediger eingesetzt würde, fiel ihr wieder ein, was meine Großmutter erzählt hatte. Sie beschrieb mir, wie aufgeregt meine Großmutter damals war und wie sie allen bis ins Detail erzählte, dass ich einmal predigen und singen würde. Ich frage mich, was meine Großmutter noch alles wusste und an welchem Tag genau sie diesen Traum oder diese Vision hatte. Meine Großmutter starb am 26. März 2003, bevor ich sie fragen konnte. Sie wurde 94 Jahre alt.

Es gibt noch etwas, worüber du nachdenken solltest. Ich habe mein Leben lang ADHS gehabt. Wenn du etwas über ADHS weißt, dann weißt du auch, dass sich diese Menschen nur wenige Sekunden auf eine Sache konzentrieren können. Ein Erwachsener mit ADHS kann immerhin bis zu zwei Minuten aufmerksam bleiben. Kannst du dir vorstellen, dass Gott mich so sehr gesegnet hat, dass ich mich hinsetzen und dieses Buch schreiben konnte? Ich bin gut darin, TV-Werbespots zu schreiben, aber diese dauern alle nur dreißig bis sechzig Sekunden. Dieses Buch zu schreiben, war im Vergleich dazu, als würde ich einen ganzen Film schreiben. An manchen Tagen saß ich sechs bis acht Stunden einfach da und tippte Seite um Seite. Für Menschen wie mich ist das eigentlich undenkbar, aber wir sind zu Großem fähig, wenn Gott uns dazu beruft!

10

Mein Vater

Ich möchte dir jetzt die Beziehung zwischen meinem Vater und mir etwas genauer erklären. Mein Vater wurde 1926 in Hannibal, Missouri, geboren und wuchs auf einer Farm auf, bis er etwa zehn Jahre alt war. Dann zog die Familie nach San Pedro, Kalifornien, wo sie blieb, bis er etwa zwölf war. Anschließend zog die Familie meines Vaters nach Washington D.C. Er hatte einen Bruder, aber der kam im Zweiten Weltkrieg ums Leben. Dann gab es noch eine Schwester, die mit Anfang vierzig an derselben Herzkrankheit starb, der schließlich auch mein Vater erlag. Meine gesamte Familie väterlicherseits hat eine Krankheit namens Kardiomyopathie. Alle meine leiblichen Schwestern, mein einziger Bruder sowie deren Kinder und Enkelkinder haben diese Krankheit. Mein Sohn und ich haben sie nicht und wir werden sie auch niemals bekommen. Dies hängt mit den generationsübergreifenden Sünden und Flüchen zusammen, von denen mir der Engel im Himmel berichtete und mich aufforderte, sie zu brechen.

Mein Herz wurde in der Zeit um 1974 untersucht und es hieß, man hätte einige Auffälligkeiten festgestellt. Man teilte mir mit, dass die linke Hälfte meines Herzens größer war als normal, was eine Form von Kardiomyopathie ist. Ich hatte nie einen Herzinfarkt oder andere Herzprobleme gehabt, sondern nur ab und zu einen leichten Druck verspürt. Ich ließ damals keine Doppler-Echokardiografie durchführen, bin mir aber auch nicht sicher, ob es diese Methode damals überhaupt schon gab. Aber die Ärzte bestätigten mir, dass ich dieses Problem hatte. Seit ich jedoch im Himmel war und den Generationenfluch brach, gibt es keinerlei Anzeichen mehr dafür.

Sicherlich hört es sich für manchen von euch seltsam an, dass Gott nicht nur generationsübergreifende Sünden, sondern auch körperliche Flüche zerbrechen kann, mit denen du über deinen Familienstammbaum verbunden bist. Diese Art von Kardiomyopathie gehört zu den Generationenflüchen. Sie geht zurück auf die Vorfahren meines Vaters mütterlicherseits. Meine Großmutter väterlicherseits starb ebenfalls an dieser Krankheit, als ich gerade ein Jahr alt war. Soweit wir es zurückverfolgen konnten, wurde sie seit mindestens vier oder fünf Generationen weitergegeben und hat sich nun bis in drei weitere Generationen ausgebreitet.

Erinnerst du dich? Als ich im Himmel war, sah ich, wie sich mein Vater in seinem Krankenbett aufrichte und zu mir sagte: „Dir habe ich es weitergegeben! Dir habe ich es weitergegeben!“ Ich denke, jetzt weißt du, was er damit sagen wollte. Er reichte diesen körperlichen Fluch der Kardiomyopathie an seine Kinder weiter. Weil ich erfuhr, was es war und woher es kam, konnte ich diesen Fluch durch Gebet und Fasten in Jesu Namen brechen. Seither hat er keine Macht mehr über mich. Mein Herz und mein Blut weisen keinerlei Anzeichen dieser unheilbaren Krankheit mehr auf. Meine älteste Schwester Carolyn litt jedoch sehr unter diesem Problem. Sie bekam 2001 oder 2002 eine Herztransplantation in der Cleveland Clinic, aber danach lebte sie nur noch ein Jahr. Sie starb jedoch nicht an Herzproblemen, sondern an einem Gehirntumor. Sie war erst 56 Jahre alt. Carolyn gründete in England die erste Gesellschaft für Kardiomyopathie der Welt. Sie lehrte nicht nur einfache Leute mit großem Erfolg über diese Krankheit, sondern auch Ärzte. Sie war sehr gebildet und außerordentlich intelligent. Informationen über Carolyn Biro und die Gesellschaft für Kardiomyopathie im Vereinigten Königreich findest du unter:

http://www.cardiomyopathy.org/Carolyn-Biro.html

Im Jahr 1990 wurde bei meinen Schwestern, meinem Bruder und mir im Rahmen einer genetischen Studie eine Blutuntersuchung durchgeführt, um herauszufinden, ob der Marker in unserem Blut nachgewiesen werden konnte. Ich war der Einzige, bei dem er sich nicht nachweisen ließ, weil der Fluch gebrochen war. Leider ist meine ältere Schwester Kathy heute von der Krankheit betroffen. Kathys Tochter wurde mit Ende zwanzig am offenen Herzen operiert, damit ihr Herz wieder besser funktionierte. Die Operation verlief erfolgreich. Während ich dieses Buch schreibe, ist sie in ihren Vierzigern. Da du jetzt über diese Sache Bescheid weißt, will ich dir noch mehr über die Beziehung zu meinem Vater erzählen.

Im Dezember 1981 erlebten mein Vater und ich endlich so etwas wie einen Moment der Heilung. Wir wohnten damals beide in Lakeland, Florida. Mein Vater hatte sich zwei Jahre zuvor von meiner Mutter scheiden lassen und eine andere Frau geheiratet; ihr Name war Margret. Anfang Dezember rief ich meinen Vater an und fragte ihn, ob ich auf einen Besuch vorbeikommen könne. Er antwortete: „Klar, komm vorbei! Margret ist gerade auf der Arbeit und ich sitze hier nur vor dem Fernseher." Also machte ich mich auf zu seinem Haus, wo ich so gegen 10.30 Uhr eintraf. Ich klopfte an die Tür. „Komm rein, es ist offen!", rief er. Ich trat ein und begrüßte meinen Vater. Er saß in seinem Sessel und sah sich im Fernsehen eine Spielshow an. Ich ging hinüber zu der Frühstückstheke in der anderen Hälfte des Raumes und setzte mich auf einen Stuhl. Mein Vater fragte mich: „Was machst du heute?" Ich antwortete: „Ich wollte einfach vorbeikommen und mit dir reden, Dad." „Worüber denn?", wollte er wissen.

Ich war entschlossen, herauszufinden, was meinen Vater so wütend gemacht hatte, als ich noch ein Kind war. „Dad”, sagte ich und zwar auf eine Weise, als wollte ich eine Frage stellen. Mein Vater entgegnete: „Was?” „Dad, ich möchte dich um Vergebung bitten für alles, was ich als Kind getan habe und das dich so wütend gemacht hat, dass du mich so schlagen musstest, wie du es getan hast.“ Man hätte eine Stecknadel fallen hören können. Kein Laut und keine Regung kamen von meinem Vater. Ich war mir sicher, dass er gleich in die Luft gehen würde, aber dann sah ich etwas, das ich noch nie zuvor gesehen hatte. Mein Vater weinte. Das waren keine Tränchen. Die Tränen strömten nur so über sein Gesicht, bis sein T-Shirt vorne ganz durchnässt war. Dann stand er auf, wandte sich mir zu und sagte: „Nein, vergib du mir!“, während er seine Arme um mich legte und mich an sich drückte. Natürlich fing auch ich an, zu weinen. Mein Vater hatte mich noch nie umarmt oder sich jemals wegen irgendetwas entschuldigt. Und jetzt hielt er mich in seinen Armen und sagte mir, dass es ihm leidtat.

Es war das erste Mal, dass ich meinen Vater richtig weinen sah, und diese Tränen vergoss er um meinetwillen. Bis dahin hatte ich nur eine Träne gesehen, die er vergoss, als sein Vater starb. Außer dieser einen vergossenen Träne hat er nie vor mir geweint, und jetzt weinte er, weil es ihm leidtat, wie er mich behandelt hatte. Ich danke Gott dafür!

Mein Vater erzählte mir dann, warum er mich als Kind misshandelt hatte und bat mich ernsthaft um Vergebung, weil er wusste, dass es falsch gewesen war. Er zeigte an diesem Tag echte Reue, und von da an vertraute er mir Dinge an, über die er noch mit keinem Menschen gesprochen hatte. Er wollte reinen Tisch machen. In den folgenden fünf Monaten hatten mein Vater und ich eine enge Beziehung. In dieser Zeit sahen wir uns mehrmals die Woche und telefonierten auch viel.

Dann kam der 1. April 1982 und mein Vater erlitt erneut einen Herzinfarkt. Ich kann mich nicht mehr genau daran erinnern, ob es sein siebter oder achter war, aber es stand so schlecht um sein Herz, dass das auch nicht mehr von Bedeutung war. Mein Vater wurde ins Krankenhaus eingeliefert. Von dort aus rief er mich an und bat mich, zu kommen. Ich eilte von der Arbeit direkt dorthin. Ich erinnere mich, dass mein Vater sehr erfreut war, mich zu sehen. Er sagte, er müsse mit mir etwas unter vier Augen besprechen. Als die Ärzte und Krankenschwestern das Zimmer schließlich verließen, sagte mein Vater zu mir: „Mein Sohn, nächsten Mittwoch gehe ich von hier fort – so oder so. Entweder finden sie hier eine Möglichkeit, mein Herz wieder hinzukriegen oder ich werde diese Welt einfach verlassen.“ Es war ein Schock für mich, dies von meinem Vater zu hören, weil er hinsichtlich seines Zustands immer sehr optimistisch eingestellt war. Zu diesem Zeitpunkt war sein Herz bereits so erweitert, dass es kaum noch schlagen konnte. Mein Vater war zeit seines Lebens ein sehr aktiver Mann gewesen.

Während seines mehrwöchigen Krankenhausaufenthalts besuchte ich ihn öfters und er vertraute mir noch mehr Dinge an, über die er noch niemals zuvor mit jemandem gesprochen hatte. Als ich ihn an jenem Dienstagabend anrief, sagte er zu mir: „Morgen ist der Tag - so oder so.“ Er schien noch viel zu lebendig, um zu sterben und deshalb machte ich mir wegen dieser Aussage kaum Gedanken. Am nächsten Tag, am Mittwoch, dem 7. April erhielt ich gegen 6.45 Uhr einen Anruf aus dem Krankenhaus. Man teilte mir mit, dass mein Vater im Koma lag und dass ich möglichst schnell kommen sollte. Ich erreichte das Krankenhaus etwa gegen 7.30 Uhr. Seine neue Frau, deren Tochter sowie noch eine weitere Dame waren ebenfalls dort. Ich fühlte mich, als sei ich mit lauter Fremden im Zimmer und fragte mich, was sie dort suchten, während mein Vater im Sterben lag.

Ich ging um das Bett herum an seine rechte Seite und hielt seine Hand, um ihn wissen zu lassen, dass ich da war. Ich sprach ihn an, aber es kam keine Reaktion. Dann kam eine Schwester, um die Vitalzeichen zu kontrollieren und seinen Puls zu prüfen. Als sie eines seiner Augenlider anhob, konnte ich sehen, dass seine Augen zurückgerollt waren. Ich ging hinaus auf den Gang und rief meinen Freund Pastor Wayne Friedt an. Er traf gegen 9.00 Uhr beim Krankenhaus ein. Während ich auf Wayne wartete, erinnerte ich mich, dass ich meinen Vater in genau diesem Bett und eben diesem Krankenhauszimmer zuvor schon einmal gesehen hatte, als ich im Himmel war. Nun betrat auch Pastor Wayne das Zimmer. Er sah meinen Vater an und bat mich, mit ihm hinaus auf den Flur zu kommen.

Ich folgte Pastor Wayne hinaus auf den Gang. Er sagte zu mir: „Ich glaube nicht, dass ich für deinen Vater um Heilung bitten soll. Ich glaube, dass ich ein Übergabegebet mit ihm sprechen soll.“ Zunächst war ich etwas gekränkt, weil ich so viele Menschen gesehen hatte, die geheilt wurden, wenn Pastor Wayne für sie betete. Aber ich wusste auch, dass er sich vom Heiligen Geist leiten ließ, und so willigte ich ein. Aber ich sagte zu Pastor Wayne: „Mein Vater liegt im Koma, wie willst du ein Übergabegebet mit ihm sprechen, wenn er nicht einmal weiß, dass du hier bist?“ Pastor Wayne entgegnete: „Mach dir deswegen keine Sorgen, Gott wird sich darum kümmern.“ Anschließend kehrten wir in das Zimmer zurück.

Pastor Wayne ging an die rechte Seite meines Vaters und nahm seine Hand, als wolle er ihm zur Begrüßung die Hand schütteln. Dann sagte er: „Mr. Tuttle, ich bin Pastor Wayne Friedt und ich möchte mit Ihnen ein Gebet sprechen.“ Ich sehe es noch vor mir, als wäre es erst vor zehn Sekunden passiert. Mein Vater öffnete leicht seine Augen, hob seinen Kopf ein wenig und sagte: „Ich habe auf Sie gewartet.“ Und so sprach Pastor Wayne ein Gebet, das mein Vater ihm leise nachsprach. Direkt nachdem Pastor Wayne „Amen“ gesagt hatte, fiel mein Vater wieder ins Koma. Pastor Wayne ging gleich darauf hinaus und mein Vater starb nur wenige Sekunden danach.

Preis sei Gott! Mein Vater konnte dieses Gebet noch sprechen, bevor er starb. Eigentlich sollte man das nicht bis kurz vor dem Tod aufschieben. Allerdings hatte ich die Errettung meines Vaters schon Jahre zuvor bezeugt, als ich für kurze Zeit im Himmel war. Obwohl ich damals, nachdem ich in meinen Körper zurückgekehrt war, nicht verstand, warum alles so passiert war, weiß ich heute, dass mein Vater mich im Himmel begrüßen wird, wenn meine Zeit gekommen ist.

Wenn ich in den Himmel komme – und ich weiß, dass ich beim nächsten Mal dort auch bleiben werde –, werde ich meinen Vater und meine älteste Schwester wiedersehen.

11

ABSCHLIESSENDE WORTE

Wenn du dieses Buch bis hierhin gelesen hast, finde ich es nur fair, dir noch ein paar weitere Dinge zu erklären. Ich bin ein geisterfüllter Christ und glaube an alle Gaben des Geistes. Ich glaube, dass Menschen durch die Kraft Gottes geheilt werden können, dass die Lahmen gehen, die Blinden sehen und Menschen von dämonischen Mächten befreit werden können. Ich glaube an das volle Evangelium von Jesus Christus. Ich glaube an Wunder und daran, dass sie auch heute geschehen. Ich glaube, dass wir noch nicht einmal einen Bruchteil dessen erfahren haben, was Gott hier auf der Erde freisetzen möchte, und dass die große Ausgießung des Heiligen Geistes noch nicht in vollem Maße stattgefunden hat, sondern dass sie noch kommt.

Ich weiß ganz sicher, dass noch Dinge geschehen werden, die größer als alles bisher Dagewesene sein werden.

Ich bin außerdem davon überzeugt, dass im Jahr 2014 einige besondere Gaben ausgeschüttet werden und der Beginn einer außergewöhnlichen Ausgießung des Geistes erfolgen wird.

Es wird Zeichen am Himmel und auf der Erde geben, die als Warnung dienen, damit du Buße tust, dich von deinen alten Wegen abwendest und das Angesicht Gottes suchst. Anfang August 2016 wird eine spezielle geistliche Gabe unter Gottes Volk ausgegossen werden. Diese beiden Jahre sind hinsichtlich der Dinge, die kommen werden, von großer Bedeutung.

Es wird noch nie gesehene Manifestationen des Geistes geben, aber wir müssen uns vor falschen Propheten hüten. Diese falschen Propheten werden für ihre Habgier bekannt sein, nicht nur im Hinblick auf Geld, sondern auch, weil sie wollen, dass ihnen möglichst jeder nachfolgt und ihnen Glauben schenkt. Handle klug! Orientiere dich an der Bibel, bete jeden Tag, lass dich vom Heiligen Geist erfüllen, lies täglich in Gottes Wort und suche ihn! Das Lesen der Bibel bringt dich nicht in den Himmel, sondern wenn du Jesus als Herrn und Retter annimmst. Wenn du sein Wort liest, wirst du gestärkt und geistlich wachsen. Darüber hinaus empfängst du Weisheit – göttliche Weisheit.

Wie ich in anderen Kapiteln bereits erläuterte, kann unser Verstand nicht das ergründen, was unser Geist zu verstehen vermag. Aber durch Gebet und die durch das Studieren des Wortes gewonnene Erkenntnis nehmen wir an Einsicht und Urteilsvermögen zu. Es gibt noch viel mehr für dich zu lesen, als dieses kleine von mir verfasste Buch. Du kannst eine echte, persönliche Beziehung zu Jesus haben und es wartet noch so vieles auf dich, wenn du ihn suchst und ihn um diese Dinge bittest. Wenn du Gottes Wort liest, wirst du sehr schnell feststellen, dass so viel mehr für dich bereitet ist, als einfach nur in der Bibel zu lesen und zu beten, aber damit fängt es an.

Ich will dir keine Religion aufzwingen, sondern dir lediglich helfen, zu erkennen, dass es mit dem Leben und dem Tod mehr auf sich hat, als unser Verstand ergründen kann und dass Gott jeden Menschen liebt. Er sandte seinen Sohn, um für uns zu sterben, damit wir in den Himmel kommen können. Es liegt mir am Herzen, dass du selbst in der Bibel liest, um zu sehen, dass die Dinge, über die ich hier spreche, darin bereits geschrieben stehen. Lies in der Apostelgeschichte. In dieser Zeit mit all den dämonischen Aktivitäten brauchst du alles, was du vom Himmel empfangen kannst. Also mach dir diese Dinge zunutze, solange du kannst, denn wenn du gestorben bist, ist es zu spät.

Jetzt ist die Zeit, in der wir alle sehen werden, wie der Geist des Herrn über die Erde hinwegfegt. Dieses Wirken ist nicht nur auf die USA begrenzt, sondern auch in China, Indien, Europa, Kanada, England, Australien, Neuseeland, Südamerika, Japan, Thailand, ganz Asien, Mexiko, Afrika und rund um den Globus wird diese Ausgießung geschehen. China wird eine der gewaltigsten Ausgießungen des Heiligen Geistes erfahren, sodass sogar einige Regierungsangehörige Jesus annehmen und den Heiligen Geist empfangen werden. In keinen Dörfern in China, die bisher nahezu unbekannt waren, werden sämtliche Bewohner errettet und mit dem Heiligen Geist erfüllt werden. Auch in Tibet werden Menschen vom Heiligen Geist erfüllt werden. Diese Dinge werden im August 2014 anfangen, zu geschehen.

Während ich im Himmel war, wurden mir diese und andere Daten gezeigt und mir wurde aufgetragen, erst dann darüber zu sprechen, wenn mir der Heilige Geist grünes Licht gibt. Ich habe diese und noch weitere Informationen seit 1978 für mich behalten. Ich hatte keine Ahnung, was aus mir werden würde oder wie mein späteres Leben überhaupt verlaufen würde, aber ich musste bis jetzt schweigen. Ein Grund hierfür ist, dass die Welt zuvor noch nicht bereit dafür war. Zunächst mussten noch einige Bewegungen des Heiligen Geistes erfolgen, bevor Menschen diese Dinge verstehen konnten. Und dennoch wird es Menschen geben, die diese Dinge nicht glauben. Aber das ist ihre Verantwortung.

Der Geist des Herrn wird auf der ganzen Welt ausgegossen wie nie zuvor. Es werden Dinge geschehen, die viele Gemeinden wachrütteln werden. Manche Gemeinden werden sich gegen diese Bewegung des Geistes stellen, andere wiederum werden sie annehmen. Aber ganz wichtig ist, dass es Menschen geben wird, die keiner Gemeinde zuzuordnen sind, aber dieses Wirken nicht nur annehmen, sondern sich auch darin bewegen werden. Diese mächtige Ausgießung des Heiligen

Geistes wird nicht nur auf Gemeinden begrenzt sein. Überall auf der Welt werden Menschen, die noch nie zuvor vom Heiligen Geist gehört haben, errettet und mit dem Heiligen Geist erfüllt werden und sofort damit beginnen, durch die Kraft des Heiligen Geistes Wunder zu wirken. Sie werden den Kranken die Hände auflegen und diese werden gesund werden. Sie werden in Jesu Namen Dämonen austreiben, weil der Heilige Geist ihnen die Kraft dazu gegeben hat.

Nichtchristen werden zu Hause vor dem Fernseher oder am Computer sitzen und die überführende Kraft des Heiligen Geistes wird auf sie fallen. Sie werden ihr Leben dem Herrn geben, Jesus in ihr Herz aufnehmen und vom Heiligen Geist erfüllt werden. Das wird geschehen, obwohl sie nichts über Jesus oder den Heiligen Geist wissen, außer dass sie den Namen Jesus vielleicht schon einmal gehört haben. Nochmals, das wird nicht nur in den Vereinigten Staaten geschehen, sondern in allen Nationen dieser Welt. Der Heilige Geist wird auf diese Menschen kommen und sie von ihren Sünden überführen. Das wird nicht dadurch geschehen, dass sie von einem Prediger eine Botschaft oder von irgendjemandem ein Zeugnis gehört haben, sondern ganz einfach aufgrund der gewaltigen Ausgießung des Heiligen Geistes.

Wenn du die Dinge verstehst, die geistlicher Natur sind, wird das, worüber ich hier spreche, für dich absolut Sinn ergeben. Mir wurden noch viele weitere Dinge offenbart und irgendwann in naher Zukunft werde ich mehr darüber schreiben – aber in der Zwischenzeit beherzige das, was der Heiligen Geist offenbart hat. Falls du bewusste Sünde verbirgst, musst du diese dem Herrn bekennen und Buße tun. Das bedeutet nicht nur, um Vergebung zu bitten, sondern auch dein Leben zu ändern. Die Ermahnung hinsichtlich versteckter absichtlicher Sünde ist sehr ernst und geschah nicht deshalb, um dich zu beschämen oder bloßzustellen, sondern, um dein Leben zu retten. Gott möchte nicht, dass alle möglichen Leute von deiner Sünde erfahren, aber er möchte, dass du umkehrst - wenn nötig, im stillen Kämmerlein, ganz für dich allein - und deinen Lebensstil änderst. Gott liebt dich!

Ich bin nicht perfekt und ich habe Dinge getan, derer ich mich schäme. Ich habe gesündigt und es gab versteckte bewusste Sünde in meinem Leben. Ich habe vor Jahren das Gesetz gebrochen und bin absolut unwürdig, dieses Buch zu schreiben. Aber mir wurde vergeben, ich wurde gereinigt und durch das Blut Jesu bin ich geheiligt. Ich bin ein Diener Christi und allein durch ihn bin ich gerechtfertigt, um hinsichtlich dessen, was ich durchgemacht habe, etwas zu sagen zu haben. Hätte meine Mutter nicht all die Jahre für mich gebetet, wäre ich nicht mehr hier, um dieses Buch schreiben zu können, sondern hätte ein tragisches Ende genommen. Danke, Mama! Ich danke dir so sehr dafür!

„Da du nun von diesen Dingen in diesem Buch gelesen hast, bete ich für dich, dass der Heilige Geist dir hilft, Buße zu tun, falls du Hilfe brauchst. Wenn du Gott noch nicht als deinen persönlichen Retter angenommen hast, bete ich, dass du ihn jetzt annimmst und erkennst, dass Jesus am Kreuz für dich zur Vergebung deiner Sünden gestorben ist. Ich bete auch, dass du dich nach dem Lesen dieses Buches danach ausstreckst, mehr über Gott und den Heiligen Geist zu erfahren. Vor allem aber bete ich dafür, dass du Jesus dein Leben übergibst. All dies sind Gaben Gottes, die er jedem schenkt, der ihn darum bittet. Deshalb bete ich dafür, dass du Gott heute darum bittest.“ Jetzt wäre der ideale Zeitpunkt, um dir ein anderes, weitaus besseres Buch zu besorgen, nämlich die Bibel, und anzufangen, jeden Tag darin zu lesen.

Wenn du sicher gehen willst, dass du in den Himmel kommst

Wenn du Jesus noch nicht in dein Herz eingeladen hast, kannst du jetzt dieses einfache Gebet laut beten: „Herr Jesus, ich komme heute vor dich und bitte dich, mir meine Sünden zu vergeben. Jesus, bitte komm in mein Herz. Ich weiß, dass du am Kreuz für meine Sünden gestorben bist, damit ich Vergebung empfangen kann, und dass du von den Toten auferstanden bist und zur rechten Hand deines Vaters sitzt. Ich tue Buße über alle meine Sünden und wende mich von allem ab, was ich falsch gemacht habe. Ich danke dir, Herr, dass du jetzt in mein Herz kommst. Ich weiß jetzt, dass dein Geist in mir wohnt. Ich mache dich zum Herrn und Retter meines Lebens. In Jesu Namen bete ich. Amen." So einfach ist das. Du bist jetzt ein Kind des Königs!

Wenn du dir nicht sicher bist

Wenn du keine Gewissheit hast, ob du gerettet bist, dir aber diese Sicherheit wünschst, dann bete einfach laut das folgende Gebet: „Vater Gott, vergib mir, dass ich mich von dir entfernt habe. Ich kehre jetzt um, Herr, und bitte, dass Jesus wieder die Herrschaft in meinem Leben übernimmt. Vergib mir alles, was ich falsch gemacht habe. Ich danke dir jetzt, Gott, dass du mich wieder annimmst und dieses Mal werde ich alles daran setzen, mich nicht wieder von dir zu entfernen. Danke Gott, dass du mir vergeben hast. Ich freue mich auf eine wunderbare Beziehung zu dir! In Jesu Namen bete ich. Amen."

Abschliessende Gedanken

Diesen letzten einen Gedanken möchte ich dir noch mit auf den Weg geben. Tappe nicht in die „FALLE", die der Teufel für dich ausgelegt hat. Die Täuschungen begegnen uns in vielen Formen, aber glaube mir, wenn sich etwas nur ein bisschen falsch anfühlt, dann ist es falsch. Es geschieht nicht über Nacht, dass wir sündigen und abtrünnig werden. Es fängt mit etwas ganz Kleinem an, einem Gedanken, einem Blick auf etwas, das man sich nicht ansehen sollte, einem Wort, einem dreckigen Witz, über den man lacht - egal, was es ist, es ist nur der Anfang. Wenn du dem Gedanken, dem Blick, dem dreckigen Witz und so weiter widerstehst, müssen diese Dinge verschwinden und können dich nicht mehr vereinnahmen. So wirst du weder scheitern noch abtrünnig werden. Wenn du jedoch diesem Gedanken, diesem Blick, diesem Witz und dergleichen Raum gibst, werden diese Dinge dich mehr und mehr vereinnahmen und letztendlich wirst du auf Abwege geraten. Pastor Wayne Friedt hat früher jeden Sonntagvormittag von der Kanzel aus Folgendes kundgetan: „Was du fütterst, das wächst und was du verhungern lässt, das stirbt." Dies gilt im physischen, mentalen und geistlichen Bereich. Sorge also dafür, dass diese üblen Gedanken und negativen Dinge in deinem Leben verhungern. Stattdessen nähre dich von Gutem und Gottgefälligem. Dann wird dein Handeln gottgefällige Früchte zeitigen und du wirst nicht in die Falle tappen, die Satan für dich ausgelegt hat.

Wenn du Ivan S. Tuttle als Gastredner in deine Gemeinde oder Organisation einladen möchtest, kannst du ihm eine E-Mail schreiben:

authorivanstuttle@gmail.com

www.EntrapmentHeavenandHell.com

Mehr über den Himmel, die Hölle und Prophetien

Nachdem das Original verfasst worden war, wurde dieser Abschnitt im März 2014 der koreanischen Version hinzugefügt. Viele Menschen baten mich, diesen Abschnitt auch in die englische Version aufzunehmen. Hier ist also der Extrateil, und nun viel Freude beim Lesen und möge der Heilige Geist zu dir reden!

Mehr Informationen über die Hölle

In der Hölle gibt es Dinge, die man nur schwer erklären kann, aber noch schwieriger ist es, diese zu beschreiben. Dort unten ist es sehr dunkel, aber man kann dennoch sehen, weil man nicht seine natürlichen, sondern seine geistlichen Augen benutzt. Die Menschen dort unten schienen innerhalb von kleinen Flächen festgekettet zu sein, aber es gab keine Riegel oder Wände, die sie daran gehindert hätten, sich zu bewegen. Es war ihnen aber nicht möglich, den ihnen zugewiesenen Bereich zu verlassen.

Während ich durch die Hölle ging, begegnete ich dort unten verschiedenen Menschen beziehungsweise Seelen, als ich mich an ihnen vorbeibewegte. Manche waren ganz gewöhnliche, einfache Leute wie du und ich. Andere wiederum waren einst einflussreiche Persönlichkeiten gewesen, darunter auch Prediger. Sicherlich werden sich einige fragen, warum diese Prediger in der Hölle waren. Ich wollte den Grund dafür erfahren, als ich dort war. Hier ein paar Beispiele, was diese Menschen mir erzählten.

Einer dieser Männer hieß Reverend James Wolfe, und von dem, was ich erfahren konnte, lebte er vor mindestens 100 Jahren in England. James beteuerte, dass er seine Sünden bereute. Er bat mich, Gott auszurichten, dass es ihm leidtat, diese jungen Mädchen belästigt zu haben. Er bereute außerdem, dass er auf dem nahegelegenen Markt Lebensmittel gestohlen hatte und erzählte, dass er nie dabei erwischt worden war. Er las jeden Tag in seiner Bibel und betete für Menschen, wenn er darum gebeten wurde. Aber er konnte nicht damit aufhören, besagte Dinge zu tun. Er hielt es für nicht so schlimm und glaubte, es würde niemandem schaden. Inzwischen wusste er, dass das nicht stimmte, und dass er falsch gehandelt hatte. Er hasste die Hölle.

Ich begegnete einem Mädchen namens Mary. Ihren Nachnamen habe ich nicht verstanden, aber sie war erst achtzehn, als sie starb, und konnte nicht verstehen, warum sie in der Hölle war. Sie hatte niemals wirklich an Gott, den Himmel oder die Hölle geglaubt, aber nach ihrem Tod tat sie es. Mary erzählte, dass sie auf dem College war und über die Weihnachtsfeiertage nach Hause fuhr, als ein betrunkener Fahrer frontal in ihr Auto fuhr. Sie konnte nicht verstehen, warum Gott ihr nicht vergab, weil es nicht ihre Schuld gewesen sei, dass sie Christus vor ihrem Tod nicht annehmen konnte. Dafür gab sie dem Betrunkenen die Schuld.

Mary sagte, dass sie noch einige Tage am Leben war, nachdem sie ins Krankenhaus eingeliefert worden war und hören konnte, wie ihre Mutter und ihr Vater für sie beteten. Aber sie konnte rein gar nichts tun, weil sie nicht in der Lage war, zu antworten oder sich zu bewegen. Mary erinnerte sich daran, dass sie sagten, sie sei hirntot und dass die Ärzte ihren Eltern eröffneten, sie würden nach drei Tagen die lebenserhaltenden Maßnahmen beenden, wenn keine Gehirnwellen messbar wären. Mary bekam dies alles mit, aber sie konnte nicht darauf reagieren. Am dritten Tag kam schließlich der Arzt ins Krankenhauszimmer, in dem auch ihre Mutter und ihr Vater waren. Er redete mit ihren Eltern und alle willigten ein, die Geräte abzuschalten. Mary wurde angst und bange, weil sie wusste, dass sie noch nicht tot war und so lange wie möglich leben wollte. Sie fürchtete sich vor dem Tod. Mary sah, wie ihre Mutter und ihr Vater sich von ihr verabschiedeten und der Krankenschwester zunickten, die lebenserhaltenden Geräte abzustellen. Von dem, was Mary berichtete, glaube ich, dass sie eine außerkörperliche Erfahrung oder Nahtoderfahrung hatte. Mary beschrieb, dass sie keine Luft mehr bekam und sich fühlte, als würde sie ertrinken. Sie sagte, dass sich alles steif anfühlte, so, als könnte sie keinen Teil ihres Körpers bewegen, und dann kam dieser böse Geist und nahm sie mit in die Hölle.

Ich erinnere mich, dass ich mich fragte: „Warum höre ich all das von den Menschen hier in der Hölle?" Ich habe darauf immer noch keine Antwort. Ebenso wenig weiß ich, warum diese dämonische Bestie, die mich fest im Griff hielt, langsamer ging, sodass ich diese Geschichten erfuhr. Vielleicht sollte ich glauben, dass es keine Hoffnung mehr gab, jemals von dort zu entkommen. Diese Menschen verdienten die Hölle anscheinend nicht. Wenn sie also dort nicht hinauskommen konnten, dann gab es auch für mich keine Hoffnung. Viele Menschen in der Hölle schrien mich an und ich konnte tatsächlich mit mehreren von ihnen sprechen. Das muss ich erklären. Sobald ich diese Menschen sah, wusste ich im Bruchteil einer Sekunde diese Dinge über sie. Es war, als kommunizierten sie mir ihre Geschichten, ohne ein Wort zu sagen, aber dennoch hörte ich sie klar und deutlich.

Ein anderer Mensch, mit dem ich reden konnte, stammte aus Asien, aber ich bin mir nicht sicher, aus welchem Land. Wenn man stirbt, sprechen alle dieselbe Sprache, aber man sieht immer noch so aus wie zu Lebzeiten. Aber es handelt sich um unseren Geist, nicht um unseren irdischen Körper. Dennoch sind das Aussehen und die Nationalität immer noch erkennbar, ganz gleich, ob jemand schwarz, weiß, asiatisch, spanisch, orientalisch oder indianisch ist. Er nannte seinen Namen, aber ich weiß nicht genau, wie man ihn ausspricht. Es hörte sich an wie Jung Sho He. Auf der Erde arbeitete er als Juwelier und hatte eine Frau, zwei Söhne und eine Tochter. Jung glaubte weder an Gott, noch an den Himmel und auch nicht an die Hölle. Er war bestürzt, als er nach einem Herzinfarkt starb und feststellte, dass die Hölle existierte und er für immer darin gefangen sein würde. Er flehte mich an, ich solle seine Frau und seine Kinder warnen, wenn es in meiner Macht stünde. Zu diesem Zeitpunkt wusste ich nur, dass ich ebenso wie er für immer an diesem Ort bleiben würde.

Warum erzählten diese Menschen mir diese Dinge? Warum glaubten sie, dass ich an ihrer Situation etwas ändern konnte? Damals ergab das für mich keinen Sinn. Ich wusste, dass ich für immer verloren war und dass ich meine einzige Chance, bei Gott im Himmel zu sein, für immer vertan hatte. Erzählten diese Menschen mir ihre Geschichten, um mir klarzumachen, dass es keine Hoffnung gab?

Was man in der Hölle sieht, lässt sich nicht mit dem vergleichen, was Menschen auf Erden jemals zu Gesicht bekamen. Es ist schlimmer als die Portraitierungen der Hölle auf sämtlichen Bildern und in allen Filmen, die ich bisher gesehen habe. Stell dir harte, zerklüftete, unendlich weit reichende Steinmauern vor, die sich über Millionen Kilometer in sämtliche Richtungen erstrecken und an denen Menschen durch eine unsichtbare

Kraft wie mit Ketten festgebunden sind. Und es ist dort sehr finster. Es stinkt. Der Verwesungsgeruch und Müllgestank, gemischt mit Schwefelgeruch, dazu eine Hitze, die das Fleisch auf den Knochen zum Schmelzen bringt. All das beschreibt nur sehr begrenzt, wie es in der Hölle ist. Einmal dort, kommt man nicht wieder heraus.

Jetzt stell dir vor, wie ich die Hölle beschrieben habe plus der Qualen, die man dort ständig erleidet – es gibt keine Pause, noch nicht einmal für eine Minute. Diese bösen Geister sind dort, um dich zu foltern und das macht ihnen auch noch ungeheuer Spaß. Ihre größte Freude ist es, zu wissen, dass du hier auf Erden auf ihre Lügen hereingefallen bist, sie würden sich um dich kümmern, Satan sei mächtig, er würde dich beschützen und dir, wenn du stirbst, kostbare Schätze geben. Ja, sie freuen sich, wenn du so dumm warst, all das zu glauben. Sie verlachen die Menschen, die an Buddha, Mohammed oder andere Götter glauben, weil diese Götter von Satan erfunden wurden, um Menschen zufriedenzustellen und dazu zu bringen, einer Lüge zu glauben, damit er sie für immer haben kann. Sie mögen besonders jene, die zu Lebzeiten nicht an Gott glauben, weil es für diese Entscheidung zu spät ist, wenn sie erst einmal in der Hölle sind – aber dann werden sie an Gott glauben.

Unser Geist sieht unserem irdischen Körper sehr ähnlich. Wir sehen scheinbar genauso aus wie zu Lebzeiten, und doch gibt es Unterschiede. Das lässt sich mit unserer natürlichen Sprache nicht erklären, und auch unser Verstand kann das nicht erfassen. Man kann nicht alles, was im Geist, im Himmel oder in der Hölle vor sich geht, beschreiben, weil wir es nur erfahren können, nachdem wir unseren irdischen Leib verlassen haben. Ich kann dir allerdings versichern, dass die Hölle schlimmer ist, als würde jeder Knochen deines Körpers zentimeterweise zerbrochen - Zentimeter um Zentimeter, ein Knochen nach dem anderen und so langsam, dass diese Tortur einen Monat dauern würde. Ja, die Hölle ist schlimmer als das. Der Schmerz, den man spürt, wenn die Dämonen einen zerreißen, man aber nicht in Stücke zerrissen wird, sondern vielmehr nur das Reißen und Zerren spürt. Dieser Schmerz ist entsetzlich.

Ich beobachtete, wie ein paar Dämonen eine junge, etwa 18 bis 20 Jahre alte Frau zerrissen. Es war erkennbar, dass sie als junge Frau einmal sehr schön gewesen sein muss, aber diese Dämonen hatten sie bereits seit mehr als 400 Jahren ununterbrochen gequält. Nein, daran gewöhnt man sich nicht. Unser Geist kann nicht wie unser irdisches Gehirn Dinge vernunftmäßig erklären oder entsprechende Schlussfolgerungen ziehen, weil das nicht mehr nötig ist. Alles ist endgültig.

Stell dir vor, jemand würde deine Hände und deine Füße an jeweils zwei Autoscootern festbinden und schließlich auch deinen Kopf an einem weiteren Autoscooter. Dann würden alle Autos dich gleichzeitig in entgegengesetzte Richtungen zerren, aber du würdest niemals zertrennt oder ohnmächtig werden, sondern müsstest den Schmerz in alle Ewigkeit immer wieder ertragen. Nun, das wäre in der Hölle wie Urlaub, denn diese Art von Schmerz ist bei Weitem noch nicht so schlimm wie ein eher geringfügiger Schmerz in der Hölle.

In der Hölle machte ich noch eine weitere interessante Beobachtung. Ich sah, wie sich Dämonen darum stritten, wer jemanden quälen durfte. Das taten sie wohl häufig, besonders, wenn es um Menschen ging, die sich auf der Erde als Christen bezeichneten, aber ihr wahres Treiben verborgen gehalten hatten. Ich nenne sie „Pseudo-Christen", weil sie sich als Christen ausgeben, aber ihr Leben nichts Christusähnliches widerspiegelt. Sie wollen lediglich sich selbst gefallen. Das ist eine der größten Lügen, die Satan Christen glauben macht – er kommt mit Vorschlägen, wie: „Es ist in Ordnung, diese Dinge zu begehren. Es ist okay, eine Affäre zu haben - Gott wird dir vergeben. Es ist in Ordnung, zu stehlen – du brauchst schließlich Kleidung und Nahrung. Es ist in Ordnung, bei dieser Prüfung zu schummeln – schließlich hast du fleißig geübt und andere schummeln auch. Es ist okay, dein Geld für alles Mögliche auszugeben – dem Herrn brauchst du davon nichts zu geben. Es ist in Ordnung, selbstgefällig zu leben – das tut doch jeder." Die Liste ließe sich schier endlos fortsetzen.

Dämonen oder böse Geister lassen sich mit menschlichen Worten nicht beschreiben, aber sie sind real. Sie existieren. In jedem Teil der Welt gibt es Dämonen. Bedenke, dass sie zusammen mit Luzifer (Satan) aus dem Himmel geworfen wurden, wo sie einst Engel waren. Luzifer war einmal einer der mächtigsten Engel. Er war schön, aber wegen seines Hochmutes, Gott gleich sein zu wollen, wurde er mit fast einem Drittel der himmlischen Heerscharen aus dem Himmel geworfen. Das heißt nicht, dass es sich dabei ausschließlich um Engel handelte, denn im Himmel gibt es außer Engeln noch alle möglichen Arten von Wesen. Die Dämonen sind so hässlich und stark geworden, weil sie sich bereits seit Tausenden von Jahren auf der Erde aufhalten, aber sie verfügen immer noch über die Kraft, die sie im Himmel hatten. Zudem verbrachten sie schon viel Zeit in der Hölle. Man verändert sich entsprechend seiner Umgebung. Das gilt auch für Menschen auf der Erde. Wenn beispielsweise jemand einst glücklich war, und dann jemanden heiratet, der ständig schlecht gelaunt und mürrisch ist, färbt das ab. Schließlich wird die einstmals liebenswürdige Person ihre Liebenswürdigkeit verlieren und ebenfalls mürrisch und schlecht gelaunt sein. Stell dir vor, wie es wohl sein muss, wenn man Tausende von Jahren in der Hölle verbracht hat und weiß, dass noch Abermillionen und Abermilliarden Jahre und letztendlich die Ewigkeit folgen werden - ja, dass man dort nie mehr rauskommt. Deshalb sind die Dämonen so, wie sie sind. Sie waren vielleicht einmal wunderschöne Kreaturen oder himmlische Wesen, aber jetzt sind sie für immer dazu verurteilt, in der Hölle zu sein – die Hölle hat sie verändert. Es wird dich sicherlich überraschen, dass über die Hälfte aller Menschen, die in die Hölle kommen, vor ihrem Tod nicht an die Hölle geglaubt haben. Sie dachten, jeder käme in den Himmel und die Hölle sei das, was wir aus dem Leben hier auf der Erde machen oder wie wir hier leben. Die Menschen, die an Götter aus Stein, an Götzen, an Buddha, an den Islam oder an den Hinduismus usw. glauben, leben eine Lüge. Wenn sie sterben, werden sie mit Entsetzen feststellen, dass der Himmel und die Hölle wirklich existieren, und dass es tatsächlich einen Gott gibt. Gott ist weder ein Stein noch ein Standbild, noch Buddha noch Mohammed. Er ist Gott, der „ich bin", der einzige lebendige Gott, der immer war und immer sein wird. Niemand war vor ihm und niemand kommt nach ihm! Du brauchst mir ja nicht zu glauben. Du kannst auch warten, bis du in die Hölle kommst, denn dann weißt du, dass das, was ich dir sage, wahr ist. Aber dann ist es zu spät.

Künftige Ereignisse

Vieles von dem, was ich dir mitteilen werde, wird schon in der Bibel erwähnt. Wenn du darin liest, wirst du feststellen, dass die Bibel meine Aussagen untermauert. Mir wurden einige künftige Ereignisse auf der Erde gezeigt, aber manches darf ich weder mit dir noch irgendjemandem sonst teilen. Wenn Gott dir aufträgt, Dinge wie diese zu versiegeln und nicht über das zu sprechen, was er dir gezeigt hat, dann gehorchst du. Auch Johannes durfte in der Offenbarung über manches, das er gesehen hatte, nicht sprechen.

Kommen wir zu den Erdbeben, die ich auf der Erde sah, während ich im Himmel war. Die Erdbeben werden nicht nur dort auftreten, wo es sie schon immer gab. Auch in Gebieten, die seit Hunderten und Tausenden von Jahren keine derartigen Aktivitäten zeigten, wird es starke Erderuptionen geben. Nicht nur Erdbeben, auch vulkanische Aktivitäten werden in Regionen auftreten, wo man es nicht erwartete. Einige dieser Vulkanausbrüche werden so gewaltig sein, dass sie ganze Landflächen spalten. Die Erdbeben werden alle in neuerer Zeit registrierten an Stärke übertreffen. In Zukunft werden Erdbeben der Stärke 9,5 bis 12,5 registriert werden.

Asien wird von verschiedenen, ungeahnten Katastrophen getroffen werden. Nicht nur Gebäude werden einstürzen, sondern ganze Großstädte werden durch Erdbeben dem Erdboden gleichgemacht werden. Viele Menschen werden aufgrund der Stärke dieser Erdbeben unglücklicherweise von Trümmern erschlagen werden. Die Menschen, die verschüttet werden und erst Wochen später in den Trümmern ersticken, werden noch Gelegenheit haben, Jesus als ihren Herrn anzunehmen, aber sie werden großes Leid durchmachen. In Asien werden eigenartige Dinge geschehen, die man schon fast als Plagen bezeichnen kann. In einem See werden sämtliche Fische sterben und niemand wird die Ursache dafür finden. Flüsse werden über Nacht blutrot. Menschen werden wunde Stellen in ihrem Mund bekommen, gegen die die Ärzte machtlos sind. Die Krebsrate wird drastisch ansteigen, wohingegen sie in anderen Ländern zurückgehen wird. Kinder werden mit ungewöhnlichen Geburtsfehlern zur Welt kommen und die Ärzte werden wegen der Ursachen im Dunkeln tappen. Einige asiatische Paare werden blonde Kinder bekommen und niemand wird eine Erklärung dafür finden. In China wird es zu einem großen Finanzcrash kommen, der sich überall auf der Welt auswirken wird, aber vor allem in Asien.

Auch in Europa wird es zu Katastrophen kommen. Erdbeben werden jahrhundertealte Orte zerstören und diese Erdbeben werden dort geschehen, wo es niemals zuvor welche gab. Viele Nutztiere werden an sonderbaren Krankheiten und Seuchen sterben, wie zum Beispiel Infektionen, die sich mit Antibiotika nicht behandeln lassen. Dämme und Brücken werden durch Erdbeben und Überschwemmungen zerstört werden. Es wird extreme Dürreperioden und anschließend extreme, scheinbar nie endende Regenfälle geben. Manchmal wird es 45 Tage lang ununterbrochen regnen. Die europäischen Länder werden anfangen, sich gegenseitig zu misstrauen und sich voneinander zurückzuziehen. In ganz Europa wird es zu Naturkatastrophen kommen.

In Russland wird es zu anderen Geschehnissen kommen. Am Himmel über Russland werden ungewöhnliche Dinge geschehen, die die Menschen veranlassen, Buße zu tun. In Russland wird die Erde nicht nur beben, durch diese Erschütterungen werden auch ungewöhnliche Löcher in der Erde entstehen, wie sie noch niemals zuvor gesehen wurden. Russland wird sich eine Zeit lang überheben und scheinbar kehrt der „Russische Bär" wieder zu alten Machtstrukturen zurück, aber der Zusammenbruch wird kommen, weil die Menschen diese Form der Machtausübung nicht mehr wollen. Das russische Volk ist ein stolzes Volk. Es ist stolz auf seine Geschichte, aber es will keinen Krieg mehr, sondern in Frieden leben. Das russische Volk ist tüchtig und hat gelernt, mit Nöten zurechtzukommen und – gemessen am Standard in weiten Teilen der Welt –, unter oftmals schwierigen Bedingungen zu leben. Es hat nicht nur überlebt, sondern auch seine Stärke bewiesen.

Schweden, Norwegen und Dänemark galten immer als „Zufluchtsorte", aber in den kommenden Jahren werden in diesen Ländern Katastrophen geschehen, die dort bis dato unbekannt waren. Bürger dieser Länder dort werden fürchterliche, nie gekannte Verbrechen begehen und Familien werden sich bekriegen. Zwischen diesen Ländern und anderen Teilen der Welt wird Krieg ausbrechen. Sie werden kein sicherer Hafen mehr sein.

Eine Zeit lang wird es in Südamerika zu einigen der verheerendsten und häufigsten Erdbeben kommen. Für gewöhnlich bringt man eher die westliche Hälfte Südamerikas mir Erdbeben in Verbindung, aber es wird auch im östlichen Bereich zu Erdbeben kommen. Länder wie Ecuador, Kolumbien und Chile werden besonders anfällig für Erdbeben sein. In Brasilien werden die Kriminalität und die Häufigkeit von Gewalttaten einen neuen Höchststand erreichen. Im Dschungel und in den Regenwäldern wird es scheinbar nie aufhörende Brände geben. Wegen der anhaltenden Erdverschiebung werden in Rio de Janeiro Gebäude und große Statuen zusammenstürzen.

Indien wird schwer in Mitleidenschaft gezogen werden, wenn die Erde bebt und alle Lebenden erschüttert. Niemand in Indien oder Pakistan wird diesem Schrecken entkommen. Einige werden durch diese Erdbeben zu Tode kommen, andere werden verhungern und wieder andere werden von Räubern und Plünderern getötet werden. Die Frauen werden vergewaltigt und entführt werden und man wird sie zu schrecklichen Dingen zwingen, indem man sie beispielsweise zu Sexsklavinnen macht. Selbst junge Mädchen im Alter von sechs Jahren werden davon betroffen sein. Dies wird nicht nur in Indien, sondern auch in Teilen Indonesiens geschehen. Durch die in den Gassen und auf den Straßen liegenden Leichen werden sich Seuchen ausbreiten, denen Abertausende in diesem Teil der Welt zum Opfer fallen werden. In nahezu der Hälfte dieser Länder, einschließlich Indien und Pakistan, wird es in jenen Tagen nicht genug Nahrung geben.

Afrika wird sich in Christen und Nichtchristen aufspalten und es wird zu schrecklichen Kriegen kommen. Muslimische Gläubige werden versuchen, alle Christen zu töten, weil sie glauben, in ganz Afrika herrschen zu müssen. Sie trichtern den Menschen Lügen über ein besseres Leben nach dem Tod ein und machen ihnen leere Versprechungen. Wenn diese Menschen schließlich herausfinden, dass man sie getäuscht hat, ist es zu spät. Der Gestank der verwesenden Leichen in diesem Land wird unerträglich sein. Krankheiten werden in ganz Afrika um sich greifen und sich aufgrund sündiger Begierden noch schneller verbreiten als erwartet. Männer, Frauen und Kinder werden sich gleichermaßen infizieren und sterben.

Mexiko und Mittelamerika werden Ähnliches erleiden wie Südamerika, außer dass in Mexiko ein großer Vulkan ausbrechen wird. Aufgrund der Erdbeben an sich und den durch die Erdbeben und den Vulkanausbruch ausgelösten Erdrutsche werden in Mexiko mehr Menschen sterben. In Teilen von Nord- und Zentralmexiko werden Menschen verhungern. In Mittelamerika und Mexiko werden Menschen unter Krankheiten mit grippeähnlichen Symptomen leiden. Ihr Fieber wird auf über 40,5 Grad ansteigen und die Menschen werden daran sterben, insbesondere die Kinder.

In Nordamerika, einschließlich der Vereinigten Staaten und Kanada, wird es ebenfalls zu Erdbeben und Vulkanausbrüchen kommen. In den Vereinigten Staaten wird sich ein heftiger und unerwarteter Vulkanausbruch ereignen, der sich auf das weltweite Klima auswirken wird. Der Vulkan wird in Wyoming, im Yellowstone Gebiet ausbrechen, und dieser Ausbruch wird so gewaltig sein, dass alles im Umkreis von Hunderten von Meilen dem Erdboden gleichgemacht wird. Die daraus resultierenden Gift- und Aschewolken werden einen Großteil Kanadas und zwei Drittel der Vereinigten Staaten bedecken. Das globale Klima wird sich dadurch verändern und selbst die Menschen in den Tropen werden zum ersten Mal Minusgrade erleben. Aber in diesen Ländern wird noch mehr geschehen. Die so offensichtliche Sünde und Korruption werden so lange zunehmen, bis die von Gott bestimmte Zeit für das Volk gekommen ist, sich in Einheit dagegen zu erheben. Wenn diese Zeit kommt, wird es zu einem grundlegenden Wandel in der Regierung kommen. Das Volk wird die bestehende Regierung wieder absetzen, die liberale Politik wird gekippt werden und Gott wird wieder in der Regierung und in den Schulen Einzug halten. Die Menschen werden umkehren und Buße tun.

Australien und Neuseeland werden nicht von Erdbeben und Naturkatastrophen verschont bleiben. Neuseeland wird besonders häufig von Erdbeben betroffen sein, aber diese werden eine Stärke von 9,4 nicht überschreiten – aber, wie bereits erwähnt, wird es dort viele Erdbeben geben. Australien wird vor allem unter wetterbedingten Ereignissen leiden. In dieser Nation werden extreme Hitze und Kälte herrschen und im ganzen Land wird es Seuchen geben, die man bisher nicht kannte. Fliegen und Stechmücken werden die Luft erfüllen und den Himmel am helllichten Tag dunkel erscheinen lassen.

In jeder Nation wird ein Geräusch zu hören sein, das zuvor noch niemals auf der Erde zu hören gewesen war. Es ist das Seufzen und Ächzen der Erde. Dieses Geräusch wird die ganze Erde umspannen, und die Menschen werden es hören und eine Erklärung dafür suchen. Sie werden das Geräusch auch aufzeichnen, aber niemand wird erklären können, woher es kommt und was genau es damit auf sich hat. Aber wir werden wissen, dass es sich hierbei um das Seufzen der Erde handelt!

Keine Nation, kein Kontinent, kein Staat und keine Stadt wird diesem Zorn entrinnen. Die Erde wird sich scheinbar gegen sich selbst wenden, sodass viele Menschen glauben werden, das Ende sei nahe. Aber diese Dinge müssen geschehen. Einige Leser dieses Buches werden diese Dinge geschehen sehen, und andere werden lediglich die Anfänge dieser Ereignisse erleben. Die Warnlampe leuchtet, die Sirene heult – merke auf und lass dich warnen. Bete. Ebenso, wie Gott aufgrund der Fürbitte von Mose seinen Sinn änderte und die Israeliten nicht auslöschte, können diese Dinge durch Gebet beeinflusst werden. Auch du kannst durch Gebet den Lauf der Geschichte verändern. Einige Naturkatastrophen müssen jedoch geschehen, denn nicht alle Menschen werden die Warnungen annehmen, sondern sich gegen Gott auflehnen.

Diese Ereignisse werden zur Folge haben, dass die Menschen sich von ihren sündigen Wegen abwenden werden. Sie werden erkennen, dass es einen Gott gibt. Ja, es wird Kriege und Kriegsgerüchte geben, aber unter denen, die gläubig sind, wird Frieden herrschen. Jene, die den Herrn wirklich lieben, werden sich nicht verlassen fühlen, sondern Gottes Liebe für sie spüren.

So war es im Himmel

Es ist nicht leicht, den Himmel zu beschreiben, weil nichts auf Erden damit vergleichbar ist. Im Himmel gibt es keine Dunkelheit und keinerlei Schatten. Stell dir vor, überall ist Licht. Wenn du unter einem Baum spazieren gehst, ist es dort genauso hell wie im direkten Sonnenlicht. Wenn du durch die Blätter des Baumes nach oben schaust, siehst du zwischen den Blättern keinen Schatten. Das Licht umfließt alles. Aus diesem Grund sehen Farben im Himmel anders aus; sie sind leuchtender und reiner. Nichts auf Erden ist mit dem Licht oder den Farben im Himmel vergleichbar. Mit unserem irdischen Verstand können wir weder erklären noch begreifen, wie diese Dinge tatsächlich aussehen.

Manche Menschen sagen, die Straßen seien aus Gold. Tatsächlich ist es aber gar nicht so einfach, das zu erkennen, weil dort alles so leuchtend und hell ist. Die Gebäude wirken auf mich sehr weiß, als ob sie aus einer Art weißem Marmor bestünden. In den Häusern oder

Villen ist das Licht genauso hell wie draußen – das ist schwer zu erklären. Während ich im Himmel umherging, schaute ich überall hin, auch hinunter zu meinen Füßen. Die Straßen, auf denen ich ging, leuchteten wie Hochglanz-Gold, fühlten sich jedoch nicht wie Gold, sondern recht weich an. Ich werde erst gar nicht erst damit anfangen, zu beschreiben, wie das Gras oder die Blumen aussahen. Meinem Verstand fehlen dafür die passenden Worte, aber ich kann dir sagen, dass es unbeschreiblich schön war, barfuß auf dem Gras zu laufen. Das Gras war so weich, als würde man auf Wolken gehen.

Im Himmel kann man schweben. Man braucht nur die Füße hochnehmen und ans Schweben zu denken und schon tust du es, und zwar ohne jegliche Anstrengung. Im Himmel konnte ich nach oben hin kein Ende erkennen. Wenn man also möchte, kann man so hoch wie ein Adler oder Flugzeug hier auf der Erde fliegen. Im Himmel ist das allerdings nichts Besonderes, es ist wie Gehen. Jede Bewegung führt man mit Leichtigkeit aus. Man ermüdet niemals und kann sich ständig bewegen. Ach, wie sehr wünschte ich, auf der Erde wäre das auch so. Seufz!

Wenn man in Richtung Zentrum des Himmels schaut, sieht man dieses Licht, das alles übertrifft, was man jemals gesehen hat. Das Licht ist warm und erinnert an Honig, der überall an einem herunterfließt, ohne zu kleben. Man kann unendlich weit sehen und hört Klänge, die man hier auf Erden niemals hören könnte.

Kannst du dir einen Ort vorstellen, an dem Angst nicht existiert? Dort gibt es keine Krankheit, keinen Schmerz, keine Traurigkeit und keine Form von Depression. Im Himmel war jedermann ständig glücklich und froh.

Im Himmel weiß man augenblicklich Dinge. Beispielsweise weiß man, wer jemand ist, ohne dass es einem gesagt wurde. Deshalb weiß ich, dass ich einige Persönlichkeiten der Bibel gesehen habe, die im Himmel umhergingen. Ich weiß, dass ich Elisa, Johannes den Täufer, Matthäus und Lukas gesehen habe. Ich habe mit keinem von ihnen gesprochen, sondern sie nur im Himmel umhergehen sehen. Schließlich sollte ich noch nicht dort sein oder zumindest durfte ich nicht dort bleiben. Der Engel begleitete mich überallhin und ich entfernte mich nicht sehr weit vom Tor. Wie ich schon erwähnte, kann man im Himmel unendlich weit sehen. Man hat ein perfektes Sehvermögen und alles ist kristallklar. Von daher war es nicht schwierig, diese Menschen zu sehen. Ich habe auch noch viele andere Menschen gesehen, aber mich nicht mit ihnen unterhalten. Es war einfach großartig, den Namen dieser Menschen zu kennen, ohne mit ihnen sprechen oder danach fragen zu müssen – du weißt ihn einfach, selbst wenn sie lediglich an dir vorbeigehen. Ich weiß nicht weshalb, aber ein Name stach für mich besonders heraus. Die Frau lebte nicht zu biblischen Zeiten und mir war sie bis dato auch nicht bekannt. Ihr Name war Esther Remington. Ich hoffe, dass einer meiner Leser etwas über sie weiß oder darüber, warum es so wichtig war, mich an ihren Namen zu erinnern. Sie starb in hohem Alter und war zu ihren Lebzeiten auf der Erde eine sehr liebevolle Frau gewesen. Im Himmel sah sie sehr jung aus. Ich glaube, Esther stammte aus Kalifornien und war ein paar Jahre vor meiner Ankunft im Himmel gestorben, vielleicht in den späten 1960er oder frühen 1970er Jahren. Wenn du einmal im Himmel gewesen bist und diese Erfahrung keine Vision und kein Traum war, sondern wenn du tatsächlich dort warst, hast du eine andere Sicht auf das Leben als andere Menschen. Du verstehst Dinge, die andere nicht verstehen können und hast eine andere Wahrnehmung. Nach deiner Rückkehr hast du eine größere Leidenschaft für das Leben und für die Menschen. Darüber hinaus verfügst du auch über ein größeres Verständnis und über mehr Barmherzigkeit als jemals zuvor. Du weißt, wie wichtig es ist, mit den Menschen zu reden und Seelen für den Herrn zu gewinnen, weil es nach dem Tod zu spät ist.

Im Himmel habe ich verschiedene Gaben bekommen. Aber die großartigste Gabe, die jeder von uns jemals haben kann und die einzige Gabe, die wir in den Himmel mitnehmen können, ist die Liebe.